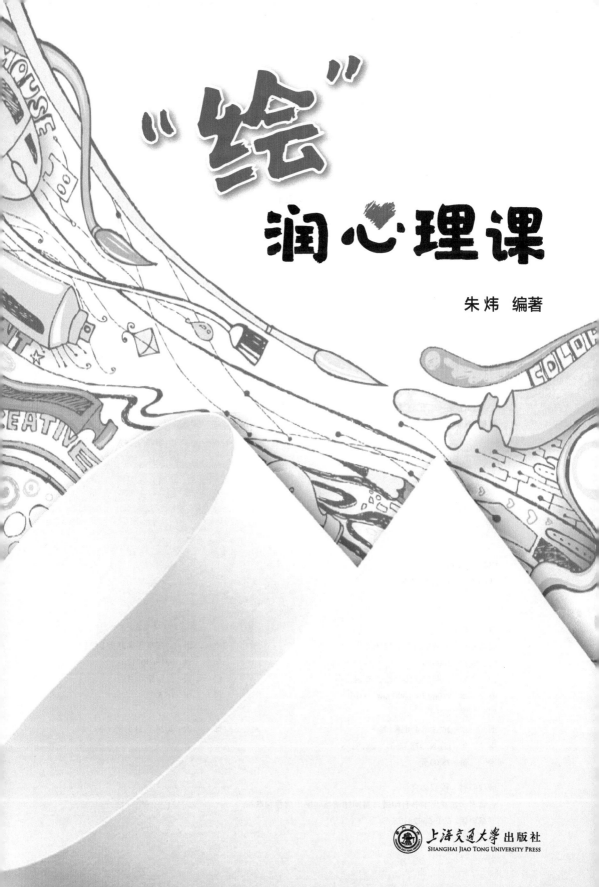

"绘"润心理课

朱炜 编著

上海交通大学出版社
SHANGHAI JIAO TONG UNIVERSITY PRESS

内容提要

绘画是一种艺术,它与音乐、舞蹈一样富有魅力,是人类表情达意的一种形式。本书是绘画表达与心理课堂有机结合、有效尝试的成果,包括绘画表达心理课的理论概述和实践课例两部分内容。理论概述介绍了绘画表达心理课的基本概念、类型、设计、实施和评价;实践课例包含心理课和团辅活动两个板块。其中,心理课分为自我探索、生命发展、人际交往、情绪管理、学习认知5个维度,一共收入40篇课堂实例;团体活动包括8篇课堂实例,对丰富中小学的心理课堂形式有较强的借鉴意义。本书适合从事心理健康教育一线工作的教师阅读参考。

图书在版编目(CIP)数据

"绘"润心理课/朱炜编著. —上海:上海交通
大学出版社,2023.4(2024.11重印)
ISBN 978-7-313-28183-8

Ⅰ.①绘… Ⅱ.①朱… Ⅲ.①心理健康—健康教育—
教案(教育)—中小学 Ⅳ.①G444

中国版本图书馆CIP数据核字(2022)第244546号

"绘"润心理课
"HUI" RUN XINLIKE

编　著:朱　炜	
出版发行:上海交通大学出版社	地　址:上海市番禺路951号
邮政编码:200030	电　话:021-64071208
印　制:上海万卷印刷股份有限公司	经　销:全国新华书店
开　本:710mm×1000mm　1/16	印　张:16.5
字　数:275千字	
版　次:2023年4月第1版	印　次:2024年11月第4次印刷
书　号:ISBN 978-7-313-28183-8	
定　价:78.00元	

版权所有　侵权必究
告读者:如发现本书有印装质量问题请与印刷厂质量科联系
联系电话:021-56928178

求 真 务 实

——一个心理教师的成长之路

朱炜老师从事心理工作二十余年，从一线的心理教师到心理教研员，再到心理中心的管理人员，这一路她始终立足于心理课堂，求真务实，其内心的坚定，深深地感染和打动着我。这本《"绘"润心理课》，是朱炜老师成长历程的一个记录，通过这本书，可以看到她在心理教育领域潜心深入探索的内在品质。

纵观本书，主要有以下几个特点：

1. 基础扎实

在心理课堂中应用绘画艺术表达形式的老师不少，但是能够将这些内容进行归纳总结的不多，能够获得市级课题立项，对"绘画表达心理课"进行梳理和探讨的更少。朱炜老师在书中呈现了对"绘画表达心理课"的全面思考，包括核心概念的界定、绘画表达与学生心理发展的关系、绘画表达心理课的理论基础、绘画表达心理课的优势和局限、绘画表达在心理课堂中的应用价值、绘画表达心理课的实施，阐释了用绘画表达的方式进行心理健康教育活动课的理论基础、设计思路和方法步骤，这反映了作者在绘画心理表达方面探索的深度。

2. 题材新颖

市面上有关心理健康教育活动课的图书籍不少，但是以"绘画表达心理课"命名，将绘画表达心理课作为整本书的内容而展开的图书却少之又少，所以这本书具有独特性，有新意和创意。上海市心理健康教育活动课程已经有30多年的历史了，还没有见过这样的教学参考书，此书的出版，无疑大大丰富了上海市乃至全国心理健康教育活动课的内容、形式，这是本书出版的意义和价值，怎么高估也不过分的。

3. 内容全面

本书不仅包括心理活动课实施和团体辅导活动，还包括自我探索、生命发展、人际交往、情绪管理、学习认知5个维度，共48个心理课堂和团体辅导活动实例，基本涵盖了目前心理课堂和活动的大部分内容，内容丰富实用，反映了作者在绘画表达心理课和活动方面探索的广度。教师可以通过模仿进行课堂和活动的实施，也可以进一步设计、组合或再创造，本书丰富的内容为教师心理课内容和活动的实施提供了比较大的参照价值。

4. 紧贴学生

目前心理健康教育活动课在小学、初中和高中都有实施，实施面的广泛对课程的实用性和有效性提出了更高的要求。心理活动的设计要引发学生的兴趣、提升学生的参与度、使学生能够深入内在进行探索，并将自己的内在"外化"，引发更多的表达和理解，乃至获得更好的领悟，这样的活动形式和内容能够吸引学生，让学生喜欢，乐于参与、体验，本书就契合了学生这些方面的需要。学生通过绘画表达、互相的交流，构建了心理教师和学生之间的"第三个空间"，这更有利于表达和领悟的产生和深入。学生不仅可以在心理课堂和活动中有所觉察和领悟，还可以留存自己的绘画作品，从而有更多体察和回味的载体，看到自己成长的轨迹。

说了这么多特点，当你实际拿到这本书时会有更多的惊喜，全彩印刷，插画全部是学生的作品，既美丽又真实，读来更是在了解和接触一个个鲜活的学生、鲜活的生命，让人爱不释手，相信每个读者，或是老师，或是家长，或是学生，都会有这样的体会。

朱炜老师曾经是我主持的上海市学校心理健康教育名师工作室的学员，不是我带领他们学习，而是我们一起学习提升。今天拿到她的著作，更是欢欣鼓舞，为她的成长由衷地感到高兴，是为序！

沈之菲

上海市教育科学研究院教授

上海学生心理健康教育中心副主任

上海市中小学心理辅导协会理事长

2023年2月

目录

绪 论

　　《上海市教育委员会关于加强上海学校心理健康教育的意见》（以下简称《意见》）指明要开齐、开足、开好心理健康教育课程。在《意见》精神的引领下，学校的心理健康课程需要不断拓展形式、丰富内容、有效实施。在课堂上为学生提供灵活且恰当的表达方式，让更多的学生能够沉浸于课堂体验中，是每一个心理老师追求的目标。结合初中生自我意识增强、心理困扰增多、情绪体验增加等特点，"绘画"犹如一把心灵的钥匙，帮助孩子探索心灵花园的隐秘角落。

一、什么是绘画表达心理课

　　绘画表达由艺术治疗发展而来，是表达性艺术治疗中一种极具创造性的辅导手法。表达性艺术治疗的主要理论取向包括心理动力学、人本主义、认知行为、叙事疗法、格式塔等，重在通过绘画、舞动、叙事等进行表达。[1]在心理教育中，绘画的艺术性已经不重要了，它所表达的情感才是最重要的。[2]绘画表达是通过构建自由的空间，让学生在创作过程中，以绘画为工具，将潜意识中的感情与冲突呈现出来，从而在心灵上、情感上、思想上释放负能量，调整心理状态的一种方法。[3]绘画表达作为一种投射技术，通过绘画这一媒介进行自我探索、真实表达，从而促进自我整合和教育。绘画的工具不局限于画笔，还可借助织线、杂志、树叶等材料。

---

[1] 王楠. 基于绘画治疗的自闭症儿童情绪表达辅导个案研究［D］. 重庆：西南大学，2019.

[2] 董静，石世平. 绘画表达在心理教育中的实践［J］. 中国电力教育，2008（9）：124-125.

[3] 严守前. 巧用表达性绘画艺术 促进留守儿童语言发展［J］. 内江科技，2019，40（3）：144.

1. 核心概念

运用绘画表达的心理课简称"绘画表达心理课"。不同于美术课，它基于成长取向，在教师的指导下借助绘画让学生更好地了解自己的内在世界。绘画表达心理课是遵循心理健康教育的发展性特点，借助绘画这一载体，以教育对象的自我探索和情感体验为主要目标的教学活动。它帮助学生觉察自己在生活中被隐藏的情绪、未表达的感受、没有叙说的想法，促进其探索、领悟或改变。[1]作为自我抒发和对外表达的媒介，绘画在心理辅导活动课中的应用，增加了学生自我表达和人际互动的灵活性和主动性。教师在课堂中，既是聆听者，也是发现者、引导者。教师帮助学生更好地进行自我探索和整合，引导他们学会表达自己的情绪、情感、感受等，让他们获得更丰富的情感体验，进行多维度的思考，在师生、生生互动中实现教学目标。

在课堂实施中，绘画表达可以一次性完成，也可以分步骤完成。绘画可以结合音乐、叙事等其他艺术表达形式，应用于放松解压、创设情境、表达交流、自我探索等。适当地选择绘画，可以达成事半功倍的教学效果。

2. 绘画表达与学生心理发展的关系

绘画将图像与意象建立联系，有利于降低心理防御，让潜意识内容自然浮现。对于言语和社会认知能力尚未完全发展成熟的学生而言，以绘画替代言语还能有效减少其在表达上的障碍和限制，使得那些被个体所压抑的、无法用语言提取的内容和情绪体验浮于纸面。[2]无论是把聚焦于负面情绪的能量重新分配到当下的创作中获得乐趣，还是在表达与分享的过程中认识和分析自身情绪，或是感受到被倾听与理解，对学生而言都是一种心灵治愈。[3]

绘画是一种主动创造和构建的过程，能够使学生体会到自我驱动和自我决

---

[1] 陶元君,陶新华.绘画艺术表达在博士生团体辅导中的应用［J］.江苏教育,2020（32）:25-26.

[2] 刘桂兰,马林山,宋志强,等.绘画心理投射测验对玉树灾后学生心理状态评估与治疗作用的探讨［J］.青海医药杂志,2012（3）:2-4.

[3] Davis, C. B. The use of art therapy and group process with grieving children[J]. Issues in Comprehensive Pediatric Nursing, 1989, 12(4): 269–280.

定的力量，从而更好地稳定与调节情绪，减少外化行为问题。[1]国外相关研究通过让绘画者将他人的形象不断具象化，在过程中消除偏见，建立与世界和他人的联系感，进而消除憎恨、减少暴力。[2]自我一直是绘画表达疗法所强调的分析内容之一，儿童所描绘内容一定程度能折射出对自我的看法。[3]校园为学生提供了一种团体环境，使他们在相互分享与提问的过程中吸取不同角度的想法，帮助他们调整不协调的认知、完善与发展自我概念，促进自我同一性的形成，提升自尊水平。[4]

绘画表达作为一种具有表达与分享性质的活动还可以促进、改善人际关系。绘画表达的内容对于人际关系的投射能够帮助学生和引导者更好地识别和意识到所处的人际环境的特点和功能问题。[5]由于绘画表达要求教师和学生共同构建一种抱持性的环境，这对于消除教师的权威感、拉近师生关系、让学生体验到参与感等方面也都有一定的帮助。[6]

正处于青春期的初中学生，自我同一性在逐渐形成过程中，其自我意识不断增强，自尊与人格独立性也明显随之增强。他们的情绪丰富强烈、易冲动且不稳定，并具有一定内隐性。针对初中生这一年龄特点，绘画表达一方面可以为初中生表达内心搭建桥梁，舒缓身心压力，另一方面也能够在潜移默化中帮助学生完善人格、提升心理健康水平。

[1] Pears, K. C., Kim, H. K., Healey, C. V., Yoerger, K., & Fisher, P. A. Improving child self-regulation and parenting in families of pre-kindergarten children with developmental disabilities and behavioral difficulties[J]. Prevention Science: the Official Journal of the Society for Prevention Research, 2015, 16(2): 222−232.

[2] Kapitan, L. Imagine the other: Drawing on art therapy to reduce hate and violence[J]. Art Therapy, 2012, 29(3): 102−103.

[3] Wyder, S. The house as symbolic representation of the self: Drawings and paintings from an art therapy fieldwork study of a closed impatient adolescents' focus group[J]. Neuropsychiatrie de l'Enfance et de l'Adolescence, 2019, 67(5-6): 286−295.

[4] 王宁，刘烟，陈冉，等. 团体绘画治疗对青少年抑郁症患者自尊水平及认知功能的影响［J］. 河北医科大学学报，2018，39（10）：1220−1224.

[5] 李小新. 绘画测验：评估灾后儿童的心理状态和人际关系功能的有效工具［J］. 福建医科大学学报（社会科学版），2009，20（2）：50−54+63.

[6] McDonald, A., & Holttum, S. Primary-school-based art therapy: A mixed methods comparison study on children's classroom learning[J]. International Journal of Art Therapy, 2020, 25(3): 119−131.

3. 绘画表达心理课的理论基础

（1）积极心理学。

积极心理学研究的侧重点是人自身的积极因素和正向力量，而不是只关注问题。其提倡用一种积极的心态来对待人的心理现象和心理问题，要求教师用一种更加开放的、欣赏性的眼光去看待学生的潜能，从而激发学生内在的积极力量和优秀品质。

积极心理学导向下的心理课堂不仅以绘画的形式向学生呈现问题和现象，还帮助学生发现可改变的因素、可寻找的资源、可创造的机会等，因而该课程不仅可以有效地涵盖传统课程中的内容，更具有一种"积极赋能"的导向，促进学生成长。

（2）人本主义理论。

人本主义理念引领下的课堂强调尊重学习者的本性与要求，提出少一些"学科结构"，更多地关注"学习者和他的学习结构"，确定学生在学习中的主体地位，强调认知与情感的整合发展，更关注学生的情绪情感意志的调节与培养。该理论取向下的绘画表达心理课堂关注和尊重学生的创作，把绘画作品当作自我觉察和课堂互动的工具。在课堂中，教师更关注学生自身。对于学生在课堂中的行动、表现、回应等，教师要无条件地积极关注。

（3）学校心理学。

学校心理学主张以培养学生的积极人格为核心，将学生的学习辅导、人格辅导、生活辅导和职业辅导一起纳入心理健康教育的范畴。对于初中生来说，学校心理学所提倡的心理健康教育理念拓宽了心理健康教育的视野。基于学校心理学的视角，本书收录的课程系列分为"自我探索""生命发展""人际交往""情绪管理""学习认知"等五大主题，逐渐丰富绘画表达心理课的教育内容。

（4）图画心理学。

图画心理学是依据绘画者所绘图像，从线条、大小等诸多角度去分析绘画者的心理。图画心理学经常以测验为取向，它通过让受测者画一个家庭、树、房、人，或自由绘画等方式，来判断绘画者的人际关系、心理状态、性格特征等。绘画表达心理课则以成长为取向，笔者借鉴了图画心理学的某些活动媒介，淡化了对绘画作品的主观评价。

4. 绘画表达心理课的优势和局限

绘画表达心理课具有操作便捷、互动性强、启引性高等优势，尤其在自我认知、生涯发展、人际交往、情绪管理等内容的辅导中，学生能够通过绘画作品直观地表达，增进对自我的探索。

绘画表达心理课也存在一定的局限性。首先，绘画表达心理课对教师的课堂驾驭能力有一定的要求，课堂的某一个生成往往能成为一个转折、一个资源、一个思考；其次，不是每堂课都适用于绘画表达，内容或形式设计不当都有可能成为课堂实施的拦路虎；再次，该种课堂教学形式也不适宜频繁使用，画多了可能会影响孩子的真实表达。

5. 绘画表达在心理课堂中的应用价值

（1）丰富课堂实施途径。

心理课堂注重体验性，需要教师创设更多的途径让学生沉浸课堂、参与互动。绘画表达的心理课堂，可以让学生全身心参与体验。除了可以用画笔描绘之外，还可以使用布艺、纸艺、织线、叶脉等材料，帮助学生更便捷、更多样地呈现自己的心灵世界。

（2）发挥情绪宣泄功能。

绘画可以表现个体的情绪、情感，因此该方式具有情绪宣泄的功能。赖念华教授曾经介绍过艺术治疗在危机干预中的应用。其中，绘画技术是最主要的应用手段，线条、色彩、图形等表达着参与者的情绪、情感。在"漂流瓶之旅"一课中，有一幅这样的学生作品(见右图)，下半部分不同颜色的线条表示了小瓶子五味杂陈的心情，绿色表示还心怀希望，黄色表示迷茫，红色表示愤怒，紫色表示伤心……下半部分线条的波浪感与上半部分的平静形成对比，表示小瓶子内心的波动，也寓意小瓶子的泪水夺眶而出。作者在上半部分增添了一些笑脸与音符的符号，寓意感到孤独时仍要保持乐观，自己哼哼小曲，或者听听音乐，也不失为一种享受。

（3）促进学生自我探索。

初中生自我意识开始觉醒，"我是谁？我想干什么？我要去向何方？"这些问题时常萦绕在孩子们的脑海。绘画不但表达着情绪，也表达着自我的想法，它可以帮助人们把无形的东西有形化，将抽象转化为具象。在"假如我是一片叶子"一课中，引导学生想象自己是一片什么类型的叶子，生活在什么季节，有什么颜色与形状（见左图），在叶脉中写下对自己特点的具体描述，使学生更加全面地了解自己，认识到自己的独特性，而绘画后的分享更有助于绘画者的自我探索。

（4）帮助学生多元表达。

基于课堂的时间限制和学生的性格特点，语言表达、情境演绎、游戏互动等方式无法满足每一位学生参与的需求，而绘画表达，因为对于绘画作品没有任何设限，也没有优劣之分，因此具有普适性，再不擅于绘画的学生也能够随意填涂。教师启引学生去发现、去思考，意识和潜意识的碰撞化为指尖的涂鸦，表达与感受并存，认知与情感同在。

（5）激发学生无限创造。

作为一种艺术活动，图画不具有限制，它可以激发人们无限的创意。[1]在课堂实施阶段，虽然学生们聆听到诸多结构化的导语，但每个人所描绘的内容、形态、色彩等都各有不同，每个人都会创造出属于自己的独一无二的画世界。

（6）提供师生互动媒介。

绘画作品犹如棱镜，给予教师诸多新的视角。每一节课都能迸发出无数思想的火花。师生间通过作品架起一座走进内心世界的心桥。"这是什么？""为什么画在这里？""它有什么特别的含义？"……因为是对自己作品的解读，学生们往往有话可说。即便是有些学生无话可说，教师也可以根据绘画的形式

---

[1] 严文华.画树读心：一张图读懂内心世界［M］.北京：人民邮电出版社，2020.

（包括线条、构图、颜色和阴影等元素），打开通往学生心灵的一扇窗。

同时，作品的展现也为生生间的互动提供了媒介。"在你眼里这是什么？""你猜一猜作者为什么把它画在这里？""看到这幅作品，你想对作者说些什么？"……绘画表达心理课堂是诸多互动生成的课堂。

（7）增加关系洞察路径。

绘画作品中，人物之间的表征、大小、远近、朝向、疏离程度等，能够展现人物间的关系。如"家庭金鱼缸"一课中，通过主题画的表达（见右图），能够清晰地呈现家庭结构。在表达中，进一步帮助学生澄清家庭成员在自己心目中的形象、地位以及成员间的亲密关系，从而为家庭和谐氛围的创造提供更多的思考。

在"师生多棱镜"一课中，学生通过绘制教师的表情、日常的行为以及师生温馨时刻等画面，多视角地走近教师（见下图）。

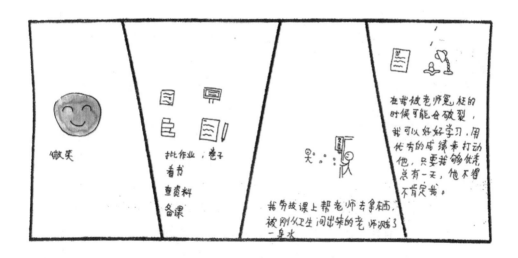

（8）引起集体情感共鸣。

如果说绘画本身是表达者个人情感的流露、脑力的激荡，那么当作品出现在集体的视野中时，常常能引发彼此的呼应共鸣。在"亲情照相机"一课中，当画面由镜头一转向镜头二时，孩子们在课堂上纷纷流下了眼泪，泪水中不仅有怀念往日亲情的感动，还有预知时光流逝的遗憾。画面跃然纸上，亲情萦绕心间。当时光照相机将孩子们拉回当下，孩子们你一言我一语："多陪陪爷爷奶奶，常回家看看""放下手机，多和家人沟通""带家人出去旅游""好好学习，当一名医生"……

在课堂实践中，绘画表达更能激发情感的涟漪，在课堂中达到共情的效果。

二、绘画表达心理课的类型

笔者在实践的过程中，按绘画的内容、形式、参加的人数、纸张区隔数量区分绘画表达心理课的类型。

按绘画的内容分类，可分为自由绘画和主题绘画。

自由绘画不设任何限制，作画者想画什么就画什么，如左图为学生的写意曼陀罗。主题绘画则是给定具体的主题。主题绘画是笔者在课堂中运用的主要形式。

从心理辅导的角度来看，自由绘画本身是一种心理表达的途径，是一种无意识的流露，能够让学生不经意地把自己内心的意图、愿望、情绪、认知表达出来。

在绘画心理辅导的发展过程中，形成了经典主题和非经典主题两种形式。经典的绘画主题有树木画、房屋画、人物画以及三者的组合形式，如家庭或学校动态图、果树图、自画像、雨中人等。除了经典的绘画主题之外，人们在实践中还总结出了更加丰富多样、各具特色的主题，包括风景构成画（见下图）、九宫格、安全岛、协作画等非经典的绘画主题。

按绘画的形式分类，可分为涂鸦法、拼贴画疗法、交互画线条法和综合运用等。

涂鸦法是由美国心理学家玛格丽特·南伯格首创的一种绘画艺术疗法。[1]
她的具体实施方法是让参与者用笔在大张画纸上涂鸦绘画，完成后观察线条的
规律，试着从涂鸦中找图案、形状、人物等，然后开展讨论。例如，团体辅导
活动"心中有情　画中有诗"。

拼贴画是日本的临床心理学教授森谷宽之[2]创造的一种绘画心理治疗技
术。这一技术的操作要点是在一张底纸上用事先准备好的或者现场剪下来的图
案（或者文字）进行自由的、有主题的拼贴，形成一幅创作者觉得有意义的图
画，如下图所示。森谷本人从应用拼贴画开始就一直使用A4纸，这是出于应
用便利、工作时间等因素的考量。粘贴画来源于艺术，艺术又来源于生活。因
此，在实际运用中，心理老师要采取多种媒材较为灵活地进行拼贴，诸如杂
志、树叶、织物等。例如，课例"叶世界"和"织线人生"。

交互画线条法是英国精神分析学家唐纳德·温尼科特创立的一种交替式涂
鸦法[3]。原方法是通过将一张8开或A4白纸撕成两半，由咨询师和儿童各自在

[1] 芭芭拉·加宁，苏珊·福克斯.涂鸦日记:比文字更有利的心理疗愈法［M］.刘茜达，译.
　　北京：人民邮电出版社，2016.
[2] 森谷宽之.拼贴画心理疗法［M］.穆旭明，译.北京：中国人民大学出版社，2018.
[3] 山中康裕.表达性心理治疗：徘徊于心灵和精神之间［M］.穆旭明，译.北京：中国
　　人民大学出版社，2018.

一张纸上涂鸦并且发现图像，完成自由联想式的涂鸦绘画。本研究在实践中进行变式，通过交互或者轮流添画来创作作品、引发思考。例如，团体辅导活动"变废为宝"。

综合运用是指利用多种媒材进行自由创作，同时结合其他艺术表达的形式，诸如心理剧、音乐、叙事故事等抒发学生内心的情绪和感受，以此达到宣泄情绪、表达情感、认知升华的目标。例如，课例"青蛙的幸福之旅"和"爱心奇旅"。

按活动方式分类，可分为个人绘画和团体绘画。个人绘画指学生个人参与课堂体验活动，独立完成绘画作品；团体绘画指课堂中小组成员根据教学内容共同或交替完成绘画作品。

按主题内容设计的结构化程度分类，可分为结构式绘画和非结构式绘画。

结构式绘画是在整个课堂活动进程中引导主题绘画按指导语分步骤进行。例如，课例"跨过这座山"和"当悲伤逆流成河"。结构式绘画，从绘画象征的角度而言，可以让学生更聚焦于主题，从操作的角度来看，有利于提高课堂效率，其弊端是学生的创造力在一定程度上受到限制。

涂鸦则属于非结构式绘画，对作画者没有具体要求。[1]

从完形和非完形的角度分类，可分为完形绘画和非完形绘画两类。

完形绘画就是在给定图案的基础上完成绘画，如课例"青春煎饼侠"（见右图）和"家庭金鱼缸"；非完形绘画就是除完形绘画之外的绘画。

按画纸中的区隔分类，可分为一格绘画和多格绘画。

多格画中包括二分画框、三角形画框、四格画框等，如课例"我和'我'"和"与学习焦虑面对面"。多格画能帮助人们就某一主题进行层层剖析、深入探讨。在一格画中，对画框的限定也体现了完形绘画的特点。

三、绘画表达心理课的设计

1. 设计依据

（1）心理课程的要求。

按照教育部的规定，心理健康教育的总目标是：提高全体学生的心理素质，充分开发他们的潜能，培养学生乐观、向上的心理品质，促进学生人格的健全发展。心理健康教育的具体目标是：使学生不断正确认识自我，增强调控自我、承受挫折、适应环境的能力；培养学生健全的人格和良好的个性心理品质；对少数有心理困扰或心理障碍的学生给予科学有效的心理咨询和辅导，使他们尽快摆脱障碍，调节自我，提高心理健康水平，增强自我教育能力。在学校开设心理健康教育课程是直接而且高效率地实现上述目标的主要途径。

常规的心理辅导多以言语为媒介来进行，虽然这些方法在矫正非理性认知上有一定的疗效，但在解决青少年的心理问题，尤其是以情绪困扰为主要症状的心理问题时，难免显得力不从心，而绘画技术却能在一定程度上弥补这方面的不足。绘画作为情感表达的工具，将潜意识的内容视觉化，将人的经验与感受象征性或具体地展现在画纸上，表达出绘画者较为真实的内在，为其心理呈现与心理发展提供较好的切入口。人往往对绘画的防御心理较低，会不自觉地把内心深层次的动机、情绪、冲突、价值观和愿望等投射在绘画作品中，有

---

[1] 严文华.画树读心：一张图读懂内心世界［M］.北京：人民邮电出版社，2020.

时也会将早期记忆中被隐藏或被压抑的内容释放出来。同时，中学生充满想象力和创造力，绘画对他们有一种天然的吸引力，借助线条和色彩，可以有效释放、调节和疏导青春期的情绪。通过空间布局、笔画勾描、色彩搭配等，被隐藏或被压抑的心理情绪往往在作画的过程中自然地释放出来。在绘画的过程中，个体可以进一步厘清自己的思路，把无形的东西有形化，把抽象的东西具体化为心理意象。绘画过程其实也是一次自我发现。教师将绘画融入心理课中，设计适合绘画的学习主题与内容，创造自由安全的绘画氛围，可以引导学生正确认识、理解自己和他人。

（2）初中学生的需求。

为了了解学生对绘画表达心理课的开设需求及需求内容，我们设计了两个维度共24道选择题。该自编问卷用于新学期心理课上课前调研，其中第1、2道选择题为"学生对绘画表达心理课的开设需求"，第3～24道选择题为"学生对绘画表达心理课内容的具体需求"。24道选择题采用五点计分，从1到5，重要程度不断增加，1代表一点也不重要，5代表非常重要。以下是部分题目的调查结果。

对于"你喜欢老师借助绘画的方式上心理课吗"这一问题，有46.3%的学生表示非常喜欢，有29.8%的学生表示比较喜欢，有16.1%的学生表示不喜欢也不讨厌，有4.2%的学生表示不太喜欢，有3.6%的学生表示非常不喜欢。

你喜欢老师借助绘画的方式上心理课吗

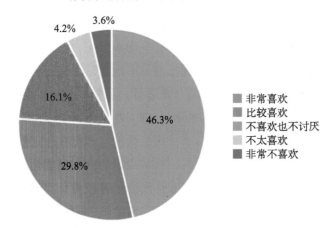

这项调查结果表明，大部分同学对绘画表达心理课有一定的兴趣。绘画表达心理课注重学生在课堂上的感受，学生无论是安静的还是兴奋的，都是自

然感情的流露。同时，绘画表达心理课重表达，而不对绘画技巧做评价，并在上课过程中给学生提供思考的空间和停下来"议一议"的时间，给学生带来更多放松、温暖与真诚的体验。

我们对选择"不太喜欢"的同学进行了访谈，当问及不太喜欢的原因时，A同学表示感觉心理课好像总是在画画，会有点厌烦；我们对选择"十分不喜欢"的同学也进行了访谈，B同学表示，自己不擅长绘画，不知道画什么，觉得十分为难，甚至产生抵触情绪。怎样调动对绘画有抵触情绪同学的积极性，找到最适合其上课的方式，是我们接下来需要继续探索和完善的问题。

面对"在心理课堂上，当你无法直接用语言表达内心时，你更希望借助以下哪种方式"这一问题，有41.0%的同学选择了"绘画"；有32.7%的同学选择"音乐"；有11.9%的同学选择"书写"；有6.0%的同学选择"心理剧"；有2.4%的同学选择"舞动"；有6.0%的同学选择"其他"，如沙盘、借助电影片段等方式。

这项调查结果表明，大多数同学认为当无法用言语表达自己的内心时，绘画能够更好地帮助自己表达内心。同时也表明，在心理课上，将绘画与音乐、书写等其他表达性艺术形式结合起来是符合初中学生的实际需求的。例如，在心理课中，以绘画表达为主，同时辅以背景音乐，配以文字解说，甚至表演绘画情景等……

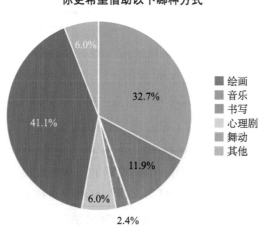

在心理课堂上，当你无法直接用语言表达内心时，
你更希望借助以下哪种方式

由"心理课内容的需求程度"图表可见：每个分类的平均分都在3分以上，反映了学生对心理课普遍比较重视。其中"学习认知"最受学生重视，平均分达到3.9分，位居第一位；其次为"情绪管理"，平均3.84分；再次是"人际交往"，平均3.76分；"生命发展"，平均3.73分；相对而言，"自我探索"受重视度较低，平均3.43分。

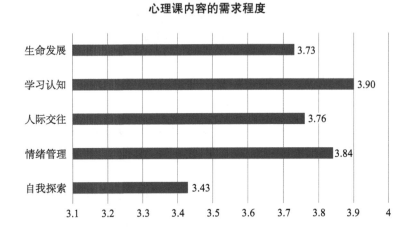

心理课内容的需求程度

2. 设计内容

由学生对心理课的需求程度可以看出，心理课在初中阶段的开设有其重要意义，能够帮助学生积极面对心理问题、解决心理困惑。同时，大多数学生当前所关注的领域仍以学习为主。这项调查结果也为绘画表达心理课内容的设计提供了参考依据。基于上述调查，我们将绘画表达心理课分为"自我探索篇""人际交往篇""情绪管理篇"和"生命发展篇""学习认知篇"五个部分，如针对内驱力的"学海行舟"，有关情绪的"奇妙的线条"，链接亲情的"家庭金鱼缸"等。

在实践过程中，我们开展了实证研究，进行纵向的数据追踪，验证了绘画表达心理课对学生情绪智力水平的提升作用（见附录）。为了拓展单人作画的形式，丰富情绪辅导的内容，在心理课的基础上，笔者又汇编了聚焦于情绪辅导的"团体辅导篇"。团体辅导活动是在团体的情境下开展的一种心理辅导形式，通过团体内人际交互作用，促进良好的适应与发展。一方面，通过系列团体辅导活动课的开展，进一步延展区域"情绪智力培养特色课程"的实施途径；另一方面，加强情绪智力中有关"人际关系""问题解决"等维度的具体指导，完善在实证研究中的问题假设。8个课时的团体辅导活动课分别从情绪的识别和理解、情绪的运用和管理等维度，帮助学生们走近情绪。

具体主题如下表所示：

类　　别	课　　题	
自我探索	我的成长树	假如我是一片叶子
	魔方格转起来	能量金字塔
	圆的奥秘	我和"我"
	一叶知己	我的熊猫我做主
生命发展	织线人生	我的心灵花园
	我的成长小书	叶世界
	青春煎饼侠	小萝卜的四季国之旅
	寻找生命的"火花"	再绘雨中人
人际交往	花说朋友	树说友谊观
	师生多棱镜	家庭金鱼缸
	亲情能量圈	时光照相机
	特别的赠饮	爱心奇旅
情绪管理	奇妙的线条	与情绪对话
	漂流瓶的旅行	青蛙的幸福之旅
	愤怒的化学实验	当悲伤逆流成河
	打开"怕怕结"	我有一个能量瓶
学习认知	学海行舟	跨过这座山
	渡河	兴趣大富翁
	逆袭的气球	和学习焦虑面对面
	送你一朵"小红花"	叫停学习中的"走神"
团体活动	多彩调色盘	恰似你的心情
	变废为宝	情绪急救箱
	心中有情　画中有诗	手印连连看
	玩转情绪涂鸦	盲而不茫

四、绘画表达心理课的实施

1. 在实施过程中遵循的原则

（1）真诚接纳。

绘画表达重表达而不强调绘画技巧，更不以画面的美丑来评价学生的作品。无论学生在绘画中选择以什么样的方式呈现画面或是放弃绘画，教师都应认真倾听、细致观察，以真诚的心接纳学生。例如，在"幸福时光照相机"一课中，有的同学选择在"回到过去画出心中的感动处"留白，教师应充分尊重这一点，并真诚倾听学生内心的想法。

（2）正向关注。

在上课过程中，有个别学生会出现情绪波动的情况，如哭泣、回避退缩、无法继续表达等，可能是在潜意识中扰动了自己的童年创伤，抑或是生活中遇到了难以克服的困难，形成了心里难解的结等。此时，教师需要给予正向的关注，包括肢体上、语言上、表情上的支持和涵容，帮助学生课堂上暂时平复，课下继续关心，给予温暖。

（3）积极赋意。

在学生呈现的作品中，可能会出现一些异想天开的画面，教师可以进行正向的引导，启发学生思考。

例如，在"我的心灵花园"一课中，小A在花园中画了许多钻石（见下

图），他陈述说："我希望自己的花园中有取之不尽的钻石，我要成为富有的人。"我肯定了他的梦想，接着说："这幅画让我想起了《阿里的故事》，讲的是有个叫阿里的人一直想寻找宝藏，于是他卖掉自己的土地离开家园四处游走，十年无果。后来，人们在他原来的土地上发现了世界上最珍贵的钻石。这座花园里有许多宝藏。请同学们想一想，这些宝藏在现实生活中可能意味着什么？我们有没有可能已经拥有了其中的一些？""宝藏就是我们每个人的优点。""宝藏是我的家人。"大家开始你一言我一语。"看来，我们每个人都拥有宝藏，当然，这些宝藏还有待自己去发现、去孕育。小A告诉我画中的奥特曼正是他本人，他希望自己拥有更多的力量，去创造更多的宝藏。"我回应道。

（4）点面结合。

在实施过程中对于学生的表达要留有充足的时间。可以让孩子先在一旁的文本框中记下所画的关键词和当前的感受，避免遗忘；也可在小组内分享交流，尽量覆盖全体学生。同时教师需要留意观察，及时发现需要特别关爱的学生，发现需要帮助解决的心理问题，在课后进行跟进。

2. 实施工具

本研究在实施中主要使用彩铅和彩笔等教学工具。除了携带和使用方便之外，主要原因是学生通过色彩，可了解更多情绪和情感方面的信息，实现情感抒发、情绪宣泄的目的。在操作中，教师要尽量引导学生直接用彩笔勾画，在指尖留下自己的即时反应，也可以直接在纸上涂改。当然，如果学生希望使用铅笔勾勒轮廓也是完全可以的。因为铅笔的擦拭能够给其带来安全感，这其中也蕴含着一些意义。在纸张的选择方面，主要选择A4纸，除了材料容易获得以外，规范的画纸便于观察图画的内容。

总之，课堂要尽可能提供一个舒适、自由的空间，让学生可以无拘无束地表达。

3. 实施阶段

根据心理健康教育课教学过程中"引导、分享、反馈"三部曲的要求[1]，

---

[1] 蒋薇美.怎样上好心理课［M］.上海：上海科技教育出版社，2016.

结合绘画艺术表达的特点，我们把课堂教学环节划分为主题绘画、自由联想和认知提升三个阶段，各阶段须落实不同的教学任务，在课堂上交替进行（见下图）。

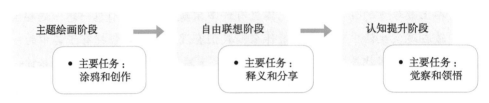

绘画表达应用于初中心理课堂的教学阶段与任务设计

在心理课堂中，在开始主题绘画阶段前，教师要营造轻松安全的心理氛围，这样有利于师生、生生之间建立信任关系和情感联结。如若感觉不到舒适的氛围，鲜有学生愿意积极投入，内心的防御机制会让他们关上心门，因此营造积极无压力的心理氛围非常重要。在这样的氛围中，每一个参与者都能感受到自己是安全的，所表达的内容是受尊重和保护的。除了教师和学生建立良好的情感联结和信任关系外，课堂的设置也很重要。通过上课规则的制定或是团队契约的执行，让学生能够置身于身心释放的状态。在教学实施过程中，教师可以通过音乐、情景、有针对性的指导语等，帮助学生短时间内进入与主题有关的信息收集，为接下来"画什么""为什么画"创设条件。孩子如若处于开放的环境中，一般不会去计较画的美丑或是纠结要不要画，抑或是完全处于一种拒绝的状态。

（1）主题绘画阶段：主要任务是"涂鸦和创作"。

这一阶段，孩子们通过画笔或者其他媒材进行与课堂要求相关的创作。"用什么画""具体画什么""什么最能代表自己想表达的元素""最先画什么""最想表达什么""是什么让我停滞下来"……在创作过程中——呈现的问题和内心的回应跃然在纸上，渲染出不一样的情感和内容。

（2）自由联想阶段：主要任务是"释义和分享"。

这一阶段主要是讲述自己的画。教师无须给予画的象征意义，而是通过"画的是什么""为什么这样画""画画时的心情怎样""这幅画述说的是一个什么故事或表达了什么意思"等问题引导画者表达，更多地聆听表达者的声音，重视画者本人对绘画的解读，从而更多地了解绘画元素隐喻的部分。学生通过语言的组织，可以深入了解所画之物、所绘之人在自己心中的意义。有些学生可能是因为自身绘画水平或者材料的限制，画成的样子不是他（她）想真实呈现的，此时的语言表达可以让孩子梳理自己的想法，达成较为清晰的认知。

绘画作品中的浓墨之处、反复涂鸦的部分、过度留白的空间对学生而言也许有特别的含义，教师可以通过提问和引导语，帮助学生进一步澄清现状、观察变化，并发现自己可能存在的困扰。

分享绘画作品的过程既呈现了自我认知，也为同伴形象化思维提供了参考，而同伴的问题也可以促使表达者再思考。通常情况下，同伴的回应往往可以再次触动孩子们的内心世界，其共情共感以及一些独特的理解都为表达者提供了另一个崭新的视角。

（3）认知提升阶段：主要任务是"觉察和领悟"。

每一幅看似平常简单的画，都在向我们述说内心的千言万语。绘画本身是一种信息的植入，当孩子没有受到任何意识上的评判，也没有进行自我否定时，一次心灵的探索和成长的体验在不知不觉中形成。有时用绘画的方式呈现的状态和情感可能是负面的，但同样也是有意义的，教师可以帮助学生去觉察、探索每一份真实存在背后的需求。

同时，图像形式存贮的情绪记忆、人物关系、童年往事、重要事件等，经过艺术创作可得以升华。"我们可以在图中做一些怎样的变化让情况变好？""这是我们期待的样子吗？如果不是，可以再增减一些什么元素？在生活中又分别代表着什么？"也许是一抹阳光，也许是一件装备，也许是一个微笑的表情……在创作中，孩子们可以看见情绪、看见自己、看见资源，从而进行积极整合，提升自己应对问题的能力。

相对应于三个课堂阶段，在课例呈现中，分成以下几个环节："暖身导"是引入部分，教师通过温馨简洁的语言、舒缓的音乐、有趣的游戏、生动的故事等达到暖场的效果，营造积极的教学氛围，为接下来的作品创作进行情感铺垫；"静心绘"是主题绘画阶段，这一部分记录的是本课主题活动的开展过程；"畅心议"是绘画作品的分享和活动讨论阶段，通过师生、生生互动，激发学生们的自我探索。"静心绘"和"畅心议"可根据课堂实际需要交替进行；"慧心思"是课堂的总结阶段，也是让学生对教学内容再认知的阶段，这一部分需要启引将绘画中的表达和学生自身实际相连接，以积极寻找资源或解决问题的方式，助力其成长。

以"我的_____树"一课教学为例，笔者首先通过一段舒缓的音乐让学生的心情平静下来，然后利用以下的指导语引入话题：每个同学眼前都有一棵成长树，它有着大大的树冠。如果这棵树代表你自己，你觉得这是一棵怎样的树？它是现实中的树，还是想象中的树？它有没有颜色？如果有，它是什么颜色的？

上述具有针对性的指导语能够帮助学生短时间内进入主题，为接下来解决"画什么""为什么画"等问题创设条件。

进入绘画创作阶段，笔者让学生为这棵树添加能够体现自己特点的果实。这些果实既可以代表优点，也可以代表需要改进的地方，然后为这些果实命名。

到了自由联想阶段，笔者通过提问引发学生对自己的画作进一步澄清和思考。设计的问题如下：

（a）如果要让你选取一颗果实进行介绍，你会选择哪一颗，能具体说一说吗？

（b）在这些果实中，你对哪些感到最满意？

（c）哪些果实比较饱满？哪些果实还有待进一步生长与成熟？你可以给它们提供哪些养料？

在本课中，笔者还设计了学生之间交换画作的环节，让邻座学生以欣赏的眼光继续为这棵树添加果实。当这棵树再次回到主人手里时，教师通过提问引导学生进一步思考：

师：树冠上的果实有没有发生变化？哪些是你意料之外的？你是否认同他们对你的描述？如果身边的人对你的评价和你自己的期待相差甚远，请你思考一下这其中的原因是什么。

生：看到同学添加的果实，一开始我觉得有点好笑，平时没觉得自己很有爱呀。不过，细细想来我也算是一个有爱心的人吧，因为我拥有一个温暖的家庭。

生：我画的树上的果实原本没有涂色，同学帮忙涂上了颜色，这让我看到了自己的另外一面。

　　师：当看着这棵硕果累累的树时，你是不是能够感受到它在生长？现在，你觉得这棵树的颜色、大小有没有发生变化？抑或是它又多了一些什么别样的色彩？如果有，请你再次勾勒一下属于你的这棵树，确定树冠的大小、形状等，为它命名，并说明理由。

　　一棵棵与众不同的树在学生的创造中诞生了。每一颗果实都体现了学生的成长过程，每一种色彩都映照出学生的心灵世界。在认知提升阶段，有时无须教师说过多的语言，学生的表达就是最好的答案。

　　生：这棵粉色树代表着我，我觉得人生应该是多姿多彩的，我最喜欢粉色，所以这是我喜欢的自己。（见右图）

4. 实施方法

　　心理课课堂常用且有效的教学方法有角色扮演、情景体验、游戏体验、讨论分析等。绘画表达心理课融汇传统心理课堂中凸显优势的教学方法，借助于纸、画笔等媒材的运用，受到学生欢迎。笔者总结教学经验，概括出以下几种常用的方法。

　　（1）图式探究式。

　　在教师的启引下，绘画作为媒介可以给学生带来形象化的类比，从而带来诸多思考。例如，在"家庭金鱼缸"一课中，把家庭成员置身于鱼缸中，使角色在统一情境下自由呈现。通过观察家庭成员的位置、形状、大小，来了解家庭成员间的互动关系，进而通过在鱼缸中添加或改变一些元素来促进家庭和谐。例如，有的学生添加了泡泡，寓意着让家人之间多一份吐露真言的机会。

　　（2）笔触体验式。

　　线条的粗细、笔触的深浅、勾画的轻重、颜色的多少都可能蕴含着参与者内心对该主题内容的认知和情感。在涂鸦和描绘中，学生们宣泄着自己的情绪，表达着自己的思想。他们有感而发、有感而绘，可多可少、可重抹可轻描，没有限制，任思维和情感驰骋，在体验中渐悟渐省。当然，对有的学生来说未必会有思悟，权当一次放松，也是独特的体验。

（3）层级递进式。

在绘画表达心理课中，有很多教学过程中的生成，如学生的创作作品，学生对作品的诠释。这些生成的教育内容往往成为新的教育点，同时能够带给"源问题"新的视角和新的讨论点，使教学内容进一步清晰，从而解决问题。在"当悲伤逆流成河"一课中，教师设计了一颗心，学生跟随着故事情景对"心"进行涂鸦，随着心的逐渐破裂，学生感受到悲伤的程度，从而思考如何杜绝校园暴力的产生。

（4）留白感悟式。

由于课堂时间和空间的限制，课中往往很难把新生成的问题讨论透彻，也很难让每一位学生充分表达，这就需要给学生足够的思考空间，提供新的视角给学生吸收新观点、发现新问题，开辟驰骋想象的广阔天地。

（5）作品重建式。

经过交流讨论，学生内心有所变化，这时候让他们修改作品，对作品进行重建和修整，有助于修复内心，增强实践意向。[1]例如，在"再绘雨中人"一课中，学生通过谈"画中人"，敞开心扉，联系自身，在画中再添加自己的支持资源，积极赋能。

（6）综合运用式。

将绘画与其他形式综合运用更有助于学生在课堂中便捷、深入、直观地表达，如同日本京都大学名誉教授山中康裕先生创始的"MSSM+C"（交替描绘编故事+拼贴画）绘画疗法理念。

从媒材的角度出发，绘画不仅停留于纸笔的涂鸦，还可以借助其他的工具帮助学生自由呈现，诸如拼贴画、织线画、树叶画等。如在"叶世界"一课中，学生通过拼贴自己捡拾的叶子，变废为宝，来创造独一无二的叶子世界。

从运用形式上，绘画表达通常可以和故事相结合。在"青蛙的幸福之旅"一课中，通过一只寻找幸福的青蛙的所见所闻，让学生感悟幸福是什么。他们

---

[1] 戴敏燕."三心两身"：高中表达性艺术疗法心理课型设计［J］.江苏教育，2020（24）：67-70.

的思悟和讨论最终决定着青蛙的色彩和状态。是否能找到幸福也许答案未知，但是找寻幸福的过程本身就是一种别样的体验。

5. 课堂提问

通过有针对性的、具体的、明确的课堂提问，帮助学生更深入地观察自己的绘画作品，借助意识化的表达进一步觉察、发现和思考。

（1）说明与解读。

请"结合你观察到的它的大小、形状等，说说你画的是什么？""在这幅画中，有没有令你印象深刻的部分？请你做一下介绍。""你选择了这种颜色，有什么特别的含义吗？""请你为这幅画命名，并说说理由。"……这些问题的设计帮助学生系统梳理在绘画中自然流露的认知判断、情感体验、情绪色彩等。

（2）启发与追问。

在课堂中教师是一个观察者，更是一个引导者。对于学生的作品，教师要做出即时的反馈，并通过一些延展性的问题启发学生进一步思考。例如，可以通过假设提问，启引学生发掘自身的资源。"你是否满意当前的状态？""如果可以做一些改变让当下的状态变得更好，你会在画纸上做哪些调整？"再如，可以通过角色换位，让学生从不同的视角来看待问题。例如，在"家庭金鱼缸"一课中，通过提问"现在鱼缸里的角色互换了，现在你变成了他（她），请你想一想，你为什么要保持这样的姿态？"让学生站在家长的角度获得共情。此时的他（她）也许是一条凶神恶煞的鱼，也许是一个张牙舞爪的海洋生物，在形象化地看"画"说"话"中，学生往往有话可说。

（3）回归与立足。

要实现教学有效性，就必须帮助学生解决实际困惑，因此在进行了比喻、象征、意象化的绘画作品解读后，还要帮助学生联系实际生活，立足当下。例如："如果在现实生活中，你觉得那可能代表什么？""请你分享一下这个情景背后的故事？""你认为生活中的哪些情况与它是最佳匹配呢？"等。

6. 课堂实施建议

绘画表达的心理课堂是不断生成的灵动的课堂，因此教师除了要掌握表达性艺术疗法的相关知识外，还应具备一定的课堂驾驭能力。课堂的教学目标如何达成？什么样的活动能够让学生愿意投入？怎样的提问才能引导学生从游戏中整理自己的体验和思考？当课堂氛围无比活跃时，如何让雀跃的学生在规则中行动？就课堂实施过程中的诸多问题，笔者概括了如下关于本书的使用建议：

（1）根据学生的实际需求选择主题。

本书选择的主题内容一是基于前期调查所得的学生需求反馈，二是基于这些主题内容较适合通过绘画表达的方式实施。其中有些内容采取了同课异构的方式，以呈现课程实施的丰富性和多元性。在实际运用中，要根据本校学生的实际需求来选择相应的主题。

（2）根据实施的实际情况灵活运用。

在两年的实践中，笔者主要在初中实施课程内容，因此本课的教学对象都集中在初中生。如若对课堂教学目标进行适度调整，诸多主题内容，同样适用于小学生和高中生。

在具体实施中，也可以根据操作者的个人专长和特点进行添加和删减。鉴于学校课程的设置，我们绝大多数课都用1课时的时间，如果您有足够的课时，可以在体验活动上进一步深入，加强对学生的辅导。如果您时间有限，也可以选择其中的一部分让学生进行体验。

当然，在心理课实施的过程中要注意频次的问题，适度和适切是绘画表达心理课实施时需要始终遵循的。

（3）根据绘画表达心理课的实施原则落实。

作为授课教师，如若有绘画分析的基础固然很好，但更重要的是在课堂实施中始终秉承着以学生为本的理念，多倾听少评价，多启引少推断。笔者归纳了教学中易忽视的问题，总结了以下课堂实施之忌：

一忌重绘画轻辅导。学生的画作往往会给教师带来诸多欣喜，同时也对教师的辅导意识和能力提出挑战。教师在珍视学生作品的同时，更应关注绘画作品所反馈的各种信息。它也许是一种焦灼的情绪状态，也许是较低的自我评价，也许是强烈的内心呼唤。在不贴标签、不主观臆断的前提下，用一双慧眼去识别、去发现、去慰藉、去帮助那些易被忽视、希冀被看见的心灵。

二忌重形式轻内容。同样是绘画，心理课和美术课有很大的区别。前者更关注学生想要表达的是什么，而非呈现的是什么，因此，我们眼中孩子画的是什么不重要，重要的是孩子们从自己的画中看到了什么。有时寥寥数笔中蕴藏的是孩子丰富的内心世界；有时看似拙劣的画技中饱含着独到的思考；还有时，孩子什么都不画，留白背后也许意味着阻抗、痛苦抑或是其他的什么。无论是在课程前期设计时，还是在课堂实施过程中，教师都不应把呈现形式作为主要的考量标准，而是更应关注课的内容，让学生有"huà"（画、话）想说，有"huà"可说。

三忌重预设轻生成。青春期教育专家戴耀红老师曾说："一节精彩的课应该有笑点、有泪点，深深打动孩子们的心灵。"心理课如若能根据预设顺利地进行下去固然能令教师安心，但"都在射程范围内"就一定是一堂思维碰撞、情感浸润的灵动的课吗？学生的表达会提供很多让师生停下来"议一议、想一想"的机会。如前文提到的"我的心灵花园"一课，一个孩子在院子里画了诸多的钻石。当介绍自己的花园时，他强调了希望自己的花园中充满了宝藏。"宝藏是什么？""在我们每个人的花园中有没有？""如何看见这些宝藏？""怎样创造更多的宝藏？"一个个问题的提出让学生们就这个话题展开了激烈的讨论。最后，同学们一致认为，每个人都拥有宝藏，它有待自己去发现、去孕育，最后变成更多的人生财富。

四忌重象征轻隐喻。隐喻一般是指小范围内的，而象征是指广义范围内的。例如，蝴蝶象征着自由、美丽，但如果学生表达的是厌恶、丑陋，那么后者来自其自身的解读尤为重要。教师要尽量避免投射或者说尽量减少投射，切忌主观解读或评判。在师生互动中一般要规避说："我以为是这样的。"当然，在尊重学生表达的基础上，师生间、生生间给予其一些其他的理解，也可为学生提供多种不同的视角。"为什么同样的画，别人感受到的和我感受到的不同？""这背后的原因可能是什么？""有什么新的视角是我原本忽略的或是刻意回避的？"……问题澄清的过程，也是思考、成长的过程。例如，在"家庭金鱼缸"一课中，有不少学生绘制了鲨鱼。鲨鱼在水世界中代表着权威、侵略、力量等，但有孩子在反馈中述说："在我眼中，妈妈是鲨鱼，她是可爱的。"显然，这是一条与众不同的鲨鱼，教师要悉心倾听。诚然，在表达分享的过程中一定会包含教师本人的分析，教师带着真诚在聆听，带着分析在思考。例如，一幅画的色调全部是灰色，没有其他的色彩，那么教师可以带着好奇，去引导学生做出进一步的分享和探索。

五忌重表达轻感受。学生在课堂中的感受主导其参与的程度。孩子无论是兴奋的还是安静的，都是自然的情感流露。在绘画表达的课堂中，孩子始终有不表达的权力。无论是不愿意画，抑或是不愿意说，都应该被允许和尊重。当然，在足够安全的环境下，学生不愿意画的情况鲜有出现。尽管言语的表达同样非常重要，但有些孩子不愿意在班集体中自我暴露时，教师要无条件地积极关注，尊重其不表达的自由，因为不用语言表达本身就是一种表达。也可以建议学生用文字记录下一些关键信息，达成表达的效果。在课堂实施过程中，无论我们采取怎样的技术辅助学生呈现什么样的心理画，我们始终关注的是创作者本人。

六忌重结果轻过程。课堂效果的达成与否不在于最终孩子们呈现的是不是精彩的画作，而是在课程实施中他们的回应和反馈。诸如首先画的是什么？哪一部分进行了反复描摹、涂改？再次添加了什么？……这些都可以成为学生思考的部分。学生的行为参与和情感体验是积极还是消极，是主动还是被动，是融入还是隔离，都是教师的关注点。当然，如若学生人数众多，教师不可能关注到每一位学生，但教师应该做一个敏锐的观察者，从绘画创作中提取各种信号，和学生探讨更加深刻的内容。

七忌重构建轻应用。在多格或分步绘画的课堂中，在教师预设的主题下，学生会跟着引导语一步步地完成画作。例如，"跨过这座山"一课是有关挫折教育的内容，通过让学生把挫折比喻成山，再绘制火柴人爬山的过程，来领悟要爬过这座山所要做的准备。在"画山""火柴人""山那边""再出发"几个环节下，学生都能构建其心目中的挫折之山，也能为火柴人的再次出发画上各种各样的装备，更能在山间勾勒起诸如凉亭、云彩、向导等各种资源，从绘画的角度进行了完整的表达，但有些学生在被问及"这些装备和资源在现实生活中寓意着什么"时却默然以对。如若此时同伴也没有具体的应对方法，则需要教师进行具体的指导。知道"是什么"是第一步，学会"怎么做"才能掌握真正能应用于实际生活的技能。教师可以就学生所遇到的普遍挫折，如学习成绩不理想等，进行具体的类比。登山的装备可能是一种心情的变化，可能是一个良好的记忆方法，可能是时间的有效管理，也可能是来自家人的一份鼓励等。只有善于发现、利用和创造生活中的各种装备，以不同的视角看山才能真正攀越生活中的挫折。

五、绘画表达心理课的评价

心理健康教育课程的效果具有内隐性、长期性、个人化等特点，很难像其他学科一样制定硬性、统一的考核评估标准。仅就一节以活动为主的心理健康教育课程而言，有人从教师、活动和学生三个角度评价心理健康教育课程的效果。着眼于教师的评价包括：对心理辅导活动是否有正确的目的观；对整个活动的设计、监控和评价如何。着眼于活动的评价包括：活动是否有民主、温暖的气氛；沟通表达是否真诚开放；活动的目标导向是否明确；活动的开始是否有"暖场"，形式是否多样。着眼于学生的评价包括：学生是否是活动的主体，需求是否得到关注；学生能否认真地投入活动；学生是否在活动中确实得到改善，改善的领域是否全面等。基于此，我们设计了心理课问卷调查来统计学生对绘画表达心理课的感受，得到学生对授课情况的及时反馈。同时，每节课通过自我反思进行教师自评，包括对教学目标的反思，教学内容的反思，对课堂节奏的把控、氛围的反思等，并结合学生反馈，在交流讨论中不断修改和完善心理课的课程体系。这样做既可以评估心理健康教育课的效果，也可以帮助心理教师不断提高教学和辅导水平。

我们只是在绘画表达心理课这一领域打开了一扇门，我们的探究和实践依然在路上。我们期望孩子们在成长路上，能够通过一节节有特色的心理课，获得情感上的共鸣、方法上的指导、能力上的训练。

自我探索篇

"绘"润心理课

我的成长树

教学目标：了解自己的特点，寻找和发现自己的优点，培养悦纳自己的意识。

课　　时：2课时

教学准备：A4纸、彩笔

教学过程：

暖心导

请同学们闭上眼睛，我们一起来做深呼吸（音乐起）。你们有没有听到潺潺流水的声音、清脆悦耳的鸟鸣声？我们漫步在林间，眼前有许多郁郁葱葱的小草、枝繁叶茂的大树。如果有一棵是属于你的成长树，它有着大大的树冠，这棵树代表着你自己，你觉得这是一棵怎样的树？（音乐持续30秒）

静心绘

请同学们睁开眼睛，静静地想一想，刚才那棵代表你的树是现实中的树还是想象中的树？它有没有颜色？如果有，它是什么颜色的？请你用这种颜色描摹这棵树的轮廓。

……

请你观察一下这棵树，它也许很普通，但又是如此独具一格，因为它有着属于你的创意。每个人的心目中都有一棵属于自己的成长树，现在请你为它添上果实，每一个果实都是你的一个特点。也许它是你的一个优点，也许还有待你不断地发展和完善。请根据你想表述的具体内容，画一画果实的大小、形状、颜色，它们可以是现实生活中的果实，也可以是你独创的样子。画完后，请根据你的特点在果实上命名。

……

畅心议

如果让你选取一颗果实介绍一下，你会选哪一颗，能具体说一说原因吗？

在这些果实中，你最满意的是哪些？

在这棵树的成长过程中，有没有令你自豪的事情？

你最欣赏这棵树的哪一部分？

哪些果实比较饱满？哪些果实还有待于施肥成长？你觉得可能的养料是什么？

……

静心绘

现在请你把自己的成长树传递给组员。每位同学根据自己对这棵树的主人的了解，在树上添加更多的果实，并给果实命名。注意，果实是对树的主人的一种赞美，我们帮助他（她）更全面地看到自己的优势。

……

你为何添加了这些果实？请说一说你的理由。

如果要对树的主人送上一句赞美的话，你会说什么？

慧心思

现在这棵树又回到了主人的手里，请你端详一下这棵树，树冠上的这些果子和你心目中自己的特点一致吗？有没有一些果子出乎你的意料之外？你是否认同同学对你的描述？

如果身边的人对你的评价和你自己的期待相差甚远，请你思考一下这其中的原因是什么。

……

我们在"认识自己"那一课中说到过乔韩窗口理论。每个人的自我都有四部分：公开的自我，也就是外显的自我，这部分自己很了解，别人也很了解；背脊的自我，别人看得很清楚，自己却不了解；隐私的自我，是自己了解但别人不了解的部分；潜在的自我，是别人和自己都不了解的潜在部分，可以通过一些契机激发出来。客观地理解别人眼中的自己，能够更全面地进行自我评价。

看着这棵硕果累累的树，你是不是感受到了它的生长？请你用一种颜色填涂这棵树。原本我们的树冠是用很浅的颜色勾勒的，根据你的填涂再次确定树冠的大小、形状等，并说明理由。

……

最后，请大家为这棵树命名。

总结：大家有没有发现，每一棵树都是独一无二的，每一个果实都在述说着我们的成长，每一份色彩都是我们的心灵世界。眼前的这棵树，是你理想中的那棵树吗？如果是，那恭喜你，你现在要做的是如何让它接受更多的阳光雨露茁壮成长；如果不是，那也恭喜你，因为你已经找到可以发展和改进自己的地方，通过努力就能创造属于你的成长树。

教学反思

在绘画测验或治疗中，树木通常会作为一种媒介来展现绘画者的个性特点和人格特质。本课采用树木这一载体，通过绘制果实，让学生创造属于自己的成长树。教学目标的落脚点是在悦纳自我，因此学生在绘制树的时候，教师可以配以音乐，让学生积极冥想。因为树上要画果实，所以学生在绘制树的时候鲜有把树画得较小的。通过"自己眼中的我"和"他人眼中的我"，层层为树木增果添彩。

需要指出的是，本课是在"认识自我"的基础上进一步展开的，一般放在单元设计的第二或第三课时。因为只有在全面认识自己、愿意接纳自己的基础上，学生才有"树"可画，否则可能会出现诸如"我不知道画什么""我没有什么优点""我的树就是没有树冠的"等情况。初中生的自我评价更多建立在他人评价的基础上，因此教师的引导和鼓励、同伴的赞美和欣赏往往能够激发他们的自我认同，也为这棵树的抽枝展叶打下坚实的基础。

作品与解读

《我的特点树》

作者：何嘉怡

这棵树中同学给我添的忍耐果我自己还真没发现，但仔细想想，我在认真做一件事情时，不管别人如何打扰我，我都会专注于自己的事情。原来同学发现了我自己都没有发现的特点。

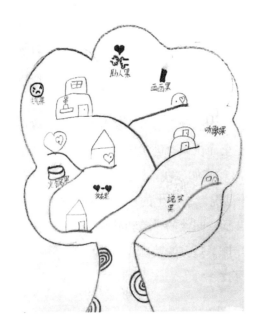

《硕果累累树》

作者：张蓓

这棵树上有我的爱好和特点，我虽然有时会生气，但通常还是和大家有说有笑的。同学为我添了"乐观果"和"憨憨果"，我想也是这个原因吧。大大的树冠是我最后添上去的，紫色是我喜欢的颜色，代表着欢喜和平静。

《热爱之树》

作者：李雯

"TNT"的果实，是我最爱的果实，寓意着"未来的火力全开"，也寓意着我的性格是热情的、活泼的。我的树没有树冠，是因为我还有很多果子没有画上去，纸上画不下了。

假如我是一片叶子

教学目标：了解自我认识的途径，认识到自己的独特性。

课　　时：1课时

教学准备：树叶若干、红水笔、黑水笔、彩色铅笔、卡纸、剪刀、学习单

教学过程：

暖心导

寻找叶片小游戏：教师拿出事先准备好的10片树叶，请10位同学上来做游戏。每位同学选取一片你最喜欢的且最能代表你自己的，仔细观察30秒。由老师进行回收，打乱后10位同学凭借记忆找回自己的叶片，并分享是如何辨认属于自己的叶子的。

静心绘

看来当我们用心了解属于那片叶子的特点时，便能够找到它，其实，人也是一样。我们只有在充分了解自己的基础上，才能够更好地发展自己。接下来，我们就一起来绘制一片属于自己的叶子吧。

指导语：

俗话说，世界上没有两片相同的叶子。不只是形状、颜色不同，叶片上还密布着纹路不同的叶脉。请同学们拿出老师发的卡纸以及黑水笔、彩色铅笔。

老师只为你提供了两个分支，请在每一个分支上写下自己的特点。你可以在主茎或分支上继续画更多的分支，也可以修剪自己的茎脉，用

关键词尽可能详尽地描述自己的特点。这些特点可以是内在的，比如擅长什么事、性格特点、兴趣爱好等；也可以是外在的，比如外貌特征、性别、承担着什么样的角色等。请不要在正面透漏自己的名字，将名字写在叶子的背面。

写好后，请你拿出彩色铅笔，首先想想如果自己是一片叶子，是什么形状的，然后尽可能发挥自己的想象力，勾勒出心目中叶子的形状，要能够包含你所画的叶脉。

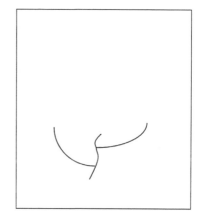

勾勒好形状后，在叶子茎脉所及的不同区域，涂上适合的颜色。你可以把自己的叶子涂成一种颜色，也可以涂成多种颜色，只要这些颜色能够代表自己的特点。

画好的同学，沿着叶子周围剪下来，贴在黑板上的班级树海报上。

……

畅心议

你的树叶为什么设计成这样的形状，选取了这样的颜色？分别代表着你的什么特点？

……

通过自我观察来认识自己，包括从我与人的关系中、从我与事的关系中认识自我，从这次考试中总结成败经验从而看到自己的个性特点……除了自我观察以外，还可以通过他人的评价和反馈来了解自己。

静心绘

现在，请同学们随机领取一片树叶，认真思考一下你眼中的他（她）是什么样的，再为他（她）整理一下树叶的脉络，补充他（她）的特点和优点。写完后请你将叶子还给作者。

畅心议

收到归还的叶子后，说一说同学帮你补充了什么，这些特点给了你什么样的启发。你可以继续描绘你的这片叶子，包括它的大小、形状、颜色等。

慧心思

现在请你仔细观察一下你眼前的这片叶子，你有什么新的发现吗？

……

总结：每个人都像是一片独特的叶子，有迎着阳光的一面，也有没被阳光照到的一面。只有充分地了解自己、认识自己，才能知道自己的哪面是发光发热的，哪面还缺少阳关的照射，才能充分发挥自己的潜能，让这片叶子更有生命力。

教学反思

世界上没有两片相同的叶子，就像每个人都有自己独一无二的特点。初次构思本课时，我把树叶的主叶脉画得很长，结果学生画出来的都是非常相似的常见叶子，后来我的模板只给出了主叶脉的最下端，学生便可以随心发挥。有的学生写不出太多自己的特点，主叶脉的分支寥寥无几；有的学生一个分支上能写许多内容；有的学生能写自己多方面的特点，把主叶脉画得很长，分支也特别多……长的、短的、圆的、扁的。有趣的作品层出不穷。叶子的轮廓包围了自己的各种特点，颜色表达了自己凸显的性格。最后画出叶子的形状、颜色实际是内心的整合，也是对自己不同方面的整体感受。

作品与解读

《吉他一样的叶子》

作者：曾荣凯

我会弹吉他，并且非常喜欢画画和唱歌，除此之外，我还是个开朗的小伙子。但是我觉得弹着吉他唱歌最能代表我的特点，所以我索性设计出一片吉他一样的叶子，在叶子旁边还添加了两个小音符。

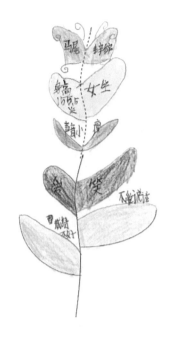

《小片叶子》

作者：王长珺

我的声音很小，体形上也比较瘦弱，所以我觉得小巧的叶子很适合自己。叶子的最上面我加了一只小蝴蝶，因为我扎马尾总是喜欢戴蝴蝶结，我觉得这样很可爱。

《天使叶子》

作者：

虽然我的性格有些豪放，爱好就是美食、刷B站，但是我的内心里是住着一位天使的，我也渴望自己能够温柔平静一些。

（上海市黄兴学校　赵思迪）

魔方格转起来

教学目标：引导学生欣赏自己的优点，同时客观地评价自己的不足，学会全面地认识自己。

课　　时：2课时

教学准备：正方体手工卡纸、彩色笔、黑水笔、双面胶

教学过程：

暖心导

如果要说出自己的5个优势和5个不足，有没有同学能够做到足够了解自己，以至于脱口而出呢？

静心绘

有些同学也许善于发现自己的长处，但很难直接说出自己的优点。那就请同学们在标有数字1、2、3、4的格子上，根据指令分别用一些符号或者图案来象征自己。

请同学们在数字1的格子中用一种或几种动物来象征自己；请在数字2的格子中用一种或几种植物来象征自己；请在数字3的格子中用一种或几种天气来象征自己；请在数字4的格子中用一种或几种水果来象征自己。

……

畅心议

画完后，请同学们思考一下：你画的动物、植物、天气、水果有什么样的特点呢？带给人什么样的感觉？

请结合特点，在每个格子上方的小方框中给自己画过的格子命名

吧。比如，晴天就是阳光格、兔子就是可爱格等。

请同学们用一两个关键词写出这种象征物代表着自己的哪些优点或不足。

……

慧心思

请同学们将魔方格传递给邻座的同学。现在大家的魔方格还有左和右两个格，你可以在右边的"镜子格"中委婉地为对方提一些意见，来鼓励TA做得更好。同时，在"闪光格"中，试着用一些关键词来夸夸魔方的小主人吧！

……

总结：同学们可以把卡纸粘贴起来了，你们会发现它变成了一个立方体。就像缺少任何一格都不能构成立方体一样，我们自己其实也有许多面，每个人都有自己的优点和不足，每一面都是我们完整人格

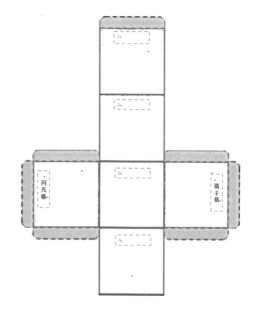

不可或缺的一部分，试着去悦纳每一面，充分肯定自我，反省当下的不足，憧憬未来的生活，你就会发现自己是世界上最独一无二的存在。

教学反思

这节课的切入点在自我悦纳，与以往思路不同的是，自我悦纳不仅要善于发现自己的优势、肯定自己，也要接纳自己的不足，客观对待那些有待提高的地方。如果对青春期的孩子直接提问"你有什么优势和不足"，会是一个很难回答的问题，其原因可能是他们对自己不够了解，也可能是没有足够的自信表达自己的优点等。借助绘画的方式，把自己比喻成生活中常见的动植物等形象，这一方面帮助学生搭建了自我认识、自我表达的桥梁；另一方面，这些象征意义跃然纸上，也为他人了解自己提供了更好的可借鉴素材。除了通过自我评价增强对自己的了解，还通过互相鼓励的方式借助他人的评价了解自己。

作品与解读

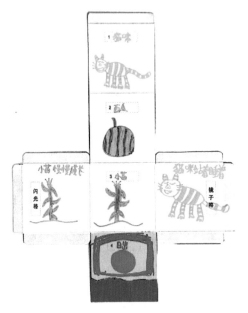

作者：崔海泉

虽然我把自己比作是一株小小的幼苗，但是我在茁壮成长，未来会成为参天大树。我还是一只可爱的小猫咪，因为我性格很安静，是可以站着睡着的那种人。听到朋友对自己的评价，我十分开心大家能喜欢我、鼓励我。

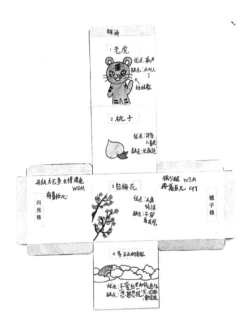

作者：李梓涵

我用动物中的老虎、水果中的桃子来描述自己。我是一名班委，老虎既寓意着我有一定的威严，也说明我不够亲和。桃子的寓意是，我讲话很直接，有一部分人喜欢这样的表达方式，但也可能像桃子上的毛毛一样，让有些人感到不舒服。

（上海市黄兴学校　赵思迪）

能量金字塔

教学目标： 帮助学生在遇到挑战时发掘内部和外部资源，学习提升抗逆力的方法，激发成长的力量。

课　　时： 1课时

教学准备： 彩色笔、学习单、放松轻音乐、PPT

教学过程：

暖心导

在上课前，老师想和大家一起做个小游戏。我折了一架纸飞机，如果我将纸飞机抛出窗外，大家可以脑洞大开想一想，这架飞机飞出窗外后会发生什么样的故事呢？有的同学说，可能落到树枝上，有的同学说可能被猫咪叼走，落入水坑……听了大家的答案，我们会发现，其实生活中有很多事情都有其不确定性，就像突如其来的疫情，会让我们不得不面对一些变化、挫折和挑战。接下来我们就一起来探寻自己的能量金字塔，为自己积聚更多成长的力量。

静心绘

首先，请同学们跟随一段轻柔的音乐慢慢平复心情，然后请你们闭上眼睛回忆一下，有没有一些地方曾让你感到舒适或快乐（哪怕是暂时的）？有没有某个人曾给过你帮助和鼓励，当你在做某些事情时，是不是会感到轻松愉快？接着请同学们拿出彩色笔，在金字塔的底端画一画"I have"能量，我所拥有的外界支持和资源。比如：你可以用元素和符号表示某个能够让你感到快乐的地方，某位让你感受到温暖的他（她），同样你也可以用一些色彩表示有哪些事物带给你安全感或力量感。

……

畅心议

请分享你画的这些元素或符号，涂色的部分寓意着什么？请详细讲讲具体发生了什么样的事情，带给你什么样的感觉？……

静心绘

接着请同学们来到金字塔的中间部分，请大家在这一层画出"I am"能量。与刚才所画的外部支持或资源不同，"I am"主要是指自己的内在力量，比如：我的优势是什么？我怎样看待困难和挫折？我有哪些积极的品质？……请大家回忆自己成功克服困难的经历，也可以是完成一件小事时的感受，用符号、色彩将你想到的内在能量表达出来，正确认识自己。

……

畅心议

请你说说你所画的符号或色彩具体指什么？请结合具体事例分享下，你是如何发现或培养自己的这些内在力量的？……

静心绘

最后，请同学们将目光转移至金字塔的最顶层，在这部分，请同学们画出"I can"能量。这种能量需要我们找一找，比如：未来有哪些目标和规划可以激励着你前行？当下的自己有哪些不足是可以通过调整进一步改进的？还有哪些事情是自己再努力一点就可能实现的？……请同学们同样用符号或色彩表达出来。

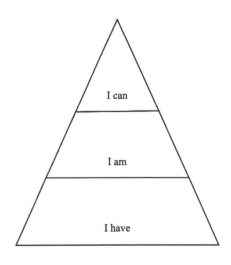

畅心议

请你说说你所画的符号或色彩具体指什么。请谈谈你会做出哪些具体的行动加以调整……

慧心思

现在请同学们观看自己这幅完整的"能量金字塔"，无论是从画面的整体看，从某些特别的局部看，还是从绘制的过程看都行，请你用一些词来形容一下它。

当你看到每一层中各种各样的元素符号及其寓意时，对外界的变化、挑战或挫折，你有什么新的看法？

请你将自己的感受、发现和领悟用文字梳理出来，记录在作品旁边空白处。

……

总结：其实我们每个人都拥有一座属于自己的能量金字塔，每一层都积聚着支持的力量。我们得到的外部支持和资源就像稳固安全的地基，而我们的潜能就像是金字塔尖尖的顶角，有一种蓄势待发的力量，同时我们也需要融合对自己清晰积极的认知。有了这些能量，面对外界的变化、挑战和挫折时，我们也会像金字塔一样坚不可摧。

教学反思

这节课是在抗逆力构成要素（I have、I am、I can）的理论基础上设计的，许多孩子在平时的学习和生活中，会忽视自己所拥有的支持和一些内心的能量，这节课的目的就是帮助孩子把蕴含能量的三层金字塔建立起来，更好地运用到实际中去应对挫折与困难。如果我们对学生采取直接提问的方式：你都有哪些外界资源啊？你有什么样的品质？你的能力如何？这些问题可能对于初中的孩子来说过于抽象，很难回答，所以我们借助绘画来表达。这样，孩子在表达情感的同时，内心的想法也跃然纸上。例如：让孩子回忆得到支持时的感受，用颜色表达心情，用符号浓缩这些历历在目的点点滴滴时，这些答案自然而然地就浮现在眼前了。再如：引导学生回忆一次成功的经历或克服困难的过程，并设计问题：我的优势是什么？我怎样看待困难和挫折？我有哪些积极的品质？……鼓励学生用符号、色彩将想到的内在能量表达出来，正确认识自己。最后我把"I can"放在金字塔的顶端，寓意一种向上突破的趋势，同时三角形也能给人一种稳定性，寓意着当学生找到外部支持、拥有强大内心后，一定可以突破自己。

作品与解读

作者：陈语涵

我觉得虽然我现在的想法有可能被家长认为是不务正业，但我仍想坚持自己的爱好。我是一个比较有自己想法的人，同时也能够静下心来去画出自己设计的衣服。我希望未来可以通过自己的努力去实现这个目标，成为一名服装设计师。

作者：劳灵希

上完这节课，我觉得我太幸福、太知足了。首先我有温柔且能理解我的双亲，还有陪伴我一起学习、玩耍的双胞胎弟弟。同样，我是一个乐观的人，这已经是一笔不可多得的财富。说到"I can"，我更想付诸实际行动去提高我的学习成绩。

（上海市黄兴学校　赵思迪）

圆的奥秘

教学目标： 接纳当下的情绪状态，发现自身资源，确定新学期目标。

课　　时： 1小时

教学准备： 学习单、彩笔

教学过程：

暖心导

大家是否还记得上学期我们认识的那个圆（绘本故事《失落的一角》），今天我们要继续探索圆的奥秘。它在圆的世界里正处于青少年阶段，这两天的它在经历了一长段疫情导致的宅家生活后也复学了。它开始继续向前滚动。当然，这回它不再找寻那失落的一角，而是继续带着它的梦想前行。

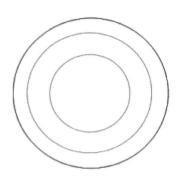

静心绘

现在这个圆就在我们每个人手中，请大家想一想，它当下的心情是怎样的？请你用一种或几种颜色表示，用符号、形状表示也可以，画在这个圆最外圈的空白处（见右图）。大家不必关注绘画的技能，用画笔表达出自己的感觉就可以了。

畅心议

这些颜色表达了怎样的心情？这份心情让你联想到了什么？你有没有相似的感觉？

……

这些心情组成了圆当下的自己，带着这些色彩，它上路了。更确切一点地说，它上学了。这一路上，你觉得它又会经历一些什么呢？

……

静心绘

这时的它，审视了一下自身的资源，这些资源可以帮助它面对困难和挑战。你觉得这些资源可能是什么？也许是来自它自己本身的力量，如某种特质、某种态度、某种处事方法等；也许是来自外部的力量和支持。请你想一想，然后把这些资源画在圆的中间部分。

畅心议

这些符号代表着怎样的资源？你能具体说说吗？

这些资源给圆带来了怎样的影响？

如果圆在复学后感到不太适应，它可以运用哪些资源？

当圆充分感受到这些资源时，外圈的颜色可能会发生怎样的变化？

……

静心绘

圆梳理了自己情绪，看到了自身的资源，想要积极行动起来。你觉得它可以确定哪些目标，或者学习哪些技能？请你用一些符号、涂鸦在中间圈表现出来。

畅心议

请你介绍一下中间圈的内容。

在画这部分的内容时，你是如何考虑的？

你觉得圆看到现在的自己时，是什么样的感觉？

你觉得圆对现在的自己满意吗？如果不满意，可以在哪些方面做一些改善？

慧心思

现在的圆有了自己多彩的模样，再一次成为独一无二的自己，此时的它要送给自己一句鼓励的话，你觉得会是什么？

讨论：圆的奥秘是什么？

……

总结：现在我们每个人手中的这个圆是这么的斑斓，它拥有着资源，充满着色彩，积聚着能量。老师把这个圆送给你，它可以成为我们每个人心目中的能量球，当我们面对事件或者挫折需要做自我梳理的时候，大家不妨用这样的方法去探寻圆的奥秘。

教学反思

这堂课是在2020年5月学生复学后上的第一课，也是绘画表达心理课实践研究的伊始。学生们第一次体验用绘画的形式来表达情绪和感受。因此，本课借用了在上学期学生喜欢的绘本故事中的主人公，通过形象化的拟人手法述说圆的故事，来投射自己的想法。

从课堂反馈来看，学生全程积极投入，续写圆的故事都头头是道。在绘情绪的部分，大家能把焦灼的、矛盾的情绪一一呈现出来。在找资源的环节中，无论是人还是物，都可以作为支持自己的力量。有的学生画了一份薯条；有的学生在中圈绘制了五星红旗，表现祖国是自己强大的后盾。从微观到宏观，孩子们发现周遭的资源是如此丰富，最后在最内圈的目标设定中，进一步明晰了自己的行动。

作品与解读

作者：陈昭妤

最外圈代表着热血沸腾的感觉。中间的资源有朋友、有家人，还有祖国……我现在也不是很清楚，所以用无数个问号表示。总之，有很多很多。中间圈寓意着把批评化为动力，把疑惑化为光明和彩色的未来。

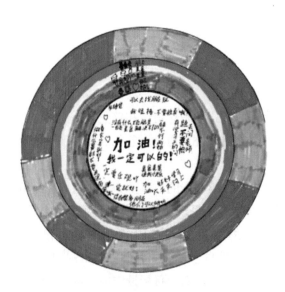

作者：刘杕萱

红色和紫色代表着既高兴又有些焦虑的心情。中间的资源有朋友、美食、美景、手机，还有自己。中间圈是很多鼓励的话，如"加油，我一定可以的"。

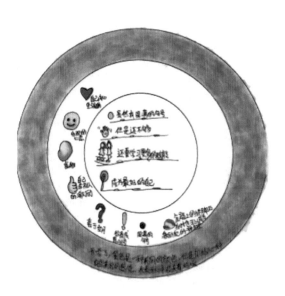

作者：赵慧妍

开学了，紫色是一种美丽的颜色，但是却给人一种灰沉的感觉，代表着开心中混杂着枯燥。中间圈从自身而言，有内心的坚强、乐观的心态；要善于发问，把问号变成感叹号，最终变成圆满的句号；还有来自他人的激励。这颗石头嘛，可以理解为人生路上的绊脚石，但也可以理解是让自己登得更高的基石，我要学习更多的技能，成为最好的自己。

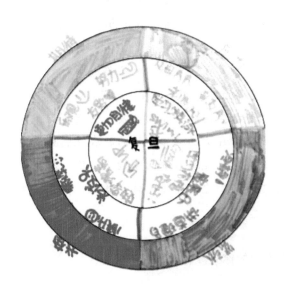

作者：李恒宜

期待、压力、兴奋、紧张构成了圆的心情。乐观、冷静、活泼、讲道理是自身的资源。父母、老师和朋友都给予我帮助。以后在学习上我要更加自律，提高学习效率，这样才能考上心仪的大学。

我与"我"

教学目标：通过虚拟世界与现实生活中两个"我"的连接，帮助学生了解虚拟世界对自己的影响，学习健康上网的方法。

课　　时：1课时

教学准备：A4纸、彩笔

教学过程：

暖心导

以下是一段手机的自述，我们一起来听一听吧。

同学们好，我是智能手机，你们一定是我的迷弟迷妹吧？我不仅携带方便，而且用途广泛。你是否因为与我为伴而废寝忘食，虽足不出户却乐此不疲呢？你沉浸在游戏世界步步闯关、陶醉于视频天地……你是否感觉没玩多久，可数小时已经过去？你告诉自己就和我待一会儿，但重要的事情可能又被错过了……

在我的世界中，你可能拥有网络世界的朋友，可能获得游戏体验的成功，可能感受到舒缓压力的放松，但同时我也剥夺着你的专注力，破坏着你的自制力，耗竭着你的掌控感。你一旦离开我，就会变得注意力难以集中、坐立难安、脾气暴躁，甚至产生无力感。有人说这都是我惹的祸。

同学们，沉浸在网络世界中的你有没有这样的体验呢？

静心绘

下面请你想象一下，在网络世界中的自己是什么样子的，有着怎样的姿态和表情，再把一张A4纸对折，将网络世界中的"我"画在A4纸的左边。

畅心议

网络世界的自己是什么样子的呢？请你们互相观察一下，这个"我"有什么样的特点，这个"我"是你想象中的自己吗？

当你看到这样一个网络世界中的他（她）时，你能猜测一下现实生活中的他（她）是怎样的吗？可能会有怎样的烦恼？

静心绘

下面请同学们在这张A4纸的右边画上现实生活中的自己。你觉得他（她）有多大？有怎样的姿态？

畅心议

你觉得我和"我"有没有差别？请你观察一下，虚拟世界的"我"占据着怎样的地位？虚拟世界的"我"对现实生活中的我产生着怎样的影响？你更欣赏哪个"我"，抑或是一个也不满意，请你具体说说理由。

……

大家有没有发现，如果网络世界中的"我"越来越强大，那么现实生活中的我就可能越来越弱小？两个"我"都代表着我们自己，有没有可能将两者联结起来呢？

现在请你想一想，如何将两者做一个联结，让我和"我"成为朋友，彼此不再割裂，甚至成为一个整体？

……

请你介绍一下我和"我"是怎样实现互动的？虚拟世界中的"我"如果送给现实世界中的"我"一句话，他（她）会说什么？如果想让现实世界中的"我"更强大，我们可以做一些怎样的改变？

慧心思

如何让现实生活中的我和虚拟世界中的"我"和谐共处，同时让现实生活中的我更有掌控感？

……

底线设定法：无论网络世界能够满足我们什么样的心理需求，底线是不能以牺牲正常的学习生活和人际交往为代价。我们可以把底线进一步细化为什么时间、什么内容、什么条件下才可以使用手机。同时，我们可以寻找多元化的途径帮助自己实现内心的需求。

兴趣增点法：当兴趣单一时，人往往就会痴迷。不妨从自己生活中寻找其他的兴趣点，比如参加户外活动，利用假期去探寻一下城市的优秀建筑，参观博物馆等，这样可以大大减少自己接触手机的时间。

多元评价法：我们可能在学习上无法游刃有余，甚至有些糟糕，但成绩不是评定自身价值的唯一标准。也许你是一个运动健将，也许你是一个手工高手，也许你是一个绘画达人，也许你是一个热心的助人者……即使你觉得自己什么都不是，你也是那个独一无二的"我"。

运动赋能法：当情绪失落、沮丧、烦躁时，网络世界似乎能为我们提供一个逃离的场所，但细细想来它并没有帮助我们积极地解决问题。相反，它可能让我们在现实生活中的能量越来越弱。要知道，运动可是调节情绪的最佳方法之一，去户外跑一跑、跳一跳，都可以为自己赋能，让现实生活中的自己强大起来。

以一己之力难以做到时，可以通过沟通及时寻求老师和家人的帮助。

总结：我和"我"是现实和理想的交织，更是行动与力量的整合。让我们为现实生活中的自己加油，让其茁壮生长。

教学反思

我曾经组织过多次关于绿色上网的专题探讨，从辩论赛到心理剧，从头脑风暴到情景演绎等，都曾运用于心理课堂中。这节课的设计是基于学生在课间绘制的网络世界带给我的启发。网络世界如此丰富，那不妨画一画网络世界中的自己。有意思的是，网络世界中的"我"总是和现实生活中的我不同。两者间的强烈对比和反差给学生们带来了一定的冲击。你在网络世界中越逍遥，在现实世界中越被约束；在网络世界越有期待，在现实生活的失落越大；网络世界中的"我"越精彩，现实生活中的我越孤独。学生通过两者间的对比，反思过度依赖于虚拟世界会逐渐弱化自己在现实生活中的联结，从而对生活和学习造成危害。当然，也有学生呈现的两个"我"的状态恰恰相反，现实生活中的自己更愉悦，这部分学生的释义也会让其他学生受到启发。

绘画作品生动形象地向学生们展现了两个"我"之间的相关性。值得一提的是，有些学生在图画中展现了在现实生活中有家人陪伴的渴望，这也是给家长上的生动一课。

作品与解读

作者：李梓涵

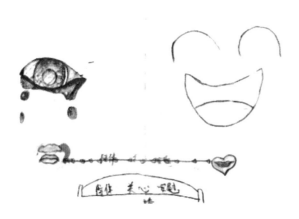

现实世界中的自己有点"社恐"，有些胆小，有时会感到孤独；而网络世界中的我是个"社牛"，自信、阳光、乐观。我希望那个自信的自己也成为我的一部分，能够给自己鼓励和安慰，让现实生活中的自己变得阳光起来。

作者：沈璇

现实世界中的"我"是不自信的，而网络世界中的"我"是光鲜亮丽的，因为没有人了解真正的我。我希望我和"我"之间，还有一个能够全面评价自己、看到自己优点的"我"。

一叶知己

教学目标：探索成长经历，感悟不同的经历共同造就自我的独特性，增进自我悦纳。

课　　时：2课时

教学准备：彩笔、学习单

教学过程：

暖心导

播放植物生长的视频片段集锦，请学生用一个形容词来描述自己所看到的画面。

引入主题：种子落地，汲取养分，生长枝叶，最终会形成形态各异的大树。如果每个人都是一颗种子，你是否会好奇，自己所生长出的叶子会是怎样的？今天就让我们随着成长的脚步，探索每片叶子的模样。

静心绘（最先发芽的叶子）

在阳光的照耀下，每个人从种子开始发芽，渐渐冒出了第一片小小的叶子。这片最先发芽的叶子会是什么样子的呢？让记忆回到最初的地方，回忆童年时所感受到最初的快乐与温暖……

教师示例：我的叶子是白色和蓝色的，有一个小小的兔子耳朵……小时候一见到针就哭，有一次一个护士小姐姐给了我一颗大白兔奶糖，她说这颗糖有魔法，吃了就会变得特别勇敢……世界上确实没有魔法，但小时候真的会因为一颗小小的奶糖获得巨大的勇气……这片叶子代表的是那个天真单纯的幼稚鬼，也是那个重拾勇敢的小战士。

学生创作 :（出示各类树叶图片）如果最初的美好回忆中的自己化成一片叶子，它会是怎样的？

畅心议

分享一下叶子背后的回忆吧，它的形状、颜色、纹路是否有独特含义？

现在你会用哪些词语来形容当时的自己？请写下所想到的形容词。

……

从第一片叶子开始，我们就展现了不同的模样。或许刚刚萌芽的自己是幼小脆弱的，但仍然能够从中发现温暖与力量。带着美好的期待，我们继续探索。

静心绘（有点特别的叶子）

成长路上难免遇到风雨，树木经历风雨总会留下痕迹（出示有点斑驳的叶子），你会怎么形容这样的叶子？

每棵大树身上都会有一些没那么完美的叶子，或许是努力了很久却比赛失利时的自己……或许是对课堂提问毫无头绪时的自己……如果有一片叶子代表当时的自己，你觉得它会是什么样子的呢？

畅心议

说一说这片叶子背后的故事，面对当时的困境，你是如何应对的？有着怎样的力量支撑着你？

你会如何形容那时的自己？请写下你想到的形容词。

成长中难免会遇到挫折或留下遗憾，这同样是我们的重要经历。每个人都会有一些并不完美的叶子，接纳它的存在，才可以向着自己理想的方向做出更多的尝试和改变。

静心绘（闪闪发光的叶子）

（出示鲜艳饱满的叶子）这片叶子和之前我们描绘的叶子有什么不同？

可能有一些不完美的叶子，但也会有一些叶子是那么的闪闪发光。有可能是第一次勇敢地点单时的自己，有可能是考场或赛场上奋力拼搏的自己，他们闪烁着耀眼的光芒……

畅心议

这片叶子又诉说了怎样的故事？在这段经历中可以发现自己有哪些闪光之处？

你又会怎样形容这样的自己呢？请写下你想到的形容词。

高光背后往往是尝试与努力所促成的蜕变。如果你善于发现，看见每一次进步，抓住自己的闪光点，不断坚持追寻，或许能够帮助自己绽放出更加耀眼的光芒。

静心绘（未完待续的叶子）

对于自己，我们总是有着千万种期待，此刻你所向往的自己未来的模样会是什么样的呢？带着对自己的期待，描绘出代表自己理想模样的叶子吧！

畅心议

这片叶子有哪些特点呢？请写下想到的形容词。

现在的自己与理想的自己存在着哪些不同？如何更加靠近自己理想中的样子呢？

我们无法准确预测未来，这片代表着理想的自己的叶子也会随着大家的成长而不断地发生变化，但这份期待将会成为指引，让自己变得更好。

慧心思

环顾周围，有和你一样的叶子吗？

（收集部分学生作品）大家觉得哪片叶子更美？为什么？

四片叶子背后代表着不同的自己，此刻你是否想到一些新的词语来形容它呢？

每个人都拥有各种各样的叶子，这之中或许有稚嫩和不完美的样子，也一定会有闪光耀眼的样子，也有着自己的理想的模样。每段经历中的自己都是那么特别，从各种经历中可以认识不同的自己，一个丰富多彩、独一无二的自己。

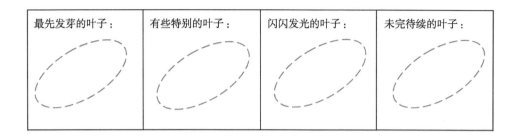

最先发芽的叶子：	有些特别的叶子：	闪闪发光的叶子：	未完待续的叶子：

教学反思

青春期的孩子自我意识开始萌芽，从经历中提取有关"自我"的信息是自我认识的重要方式之一。本课将不同经历化作叶子，通过绘画表达的形式帮助学生在过去不同的经历中认识自我，接纳每段经历中的自己，并形成对未来理想自己的思考与期待。而在课堂中倾诉与见证不同的经历故事本身就具有一定的积极意义，师生间的相互支持能够有效促进学生形成积极的自我认同感。

因为本课是个体层面上的自我认识与接纳，所以课堂总结与课后作业是从自身的叶子出发创造代表自我的大树。若是认识团体或集体相关的团体辅导，可以考虑将每个人的叶子都汇聚在一棵大树的枝干上，让每个人的叶子在代表集体的大树中绽放自己独特的光彩，形成相应的感悟和思考。

作品与解读

作者：张婷

最先发芽的叶子：我最开始的记忆就是和家人一起玩的场景，当时的自己是幸福而开心的。虽然只是简单的陪伴，但回忆起当时的画面还是能够给自己带来温暖。

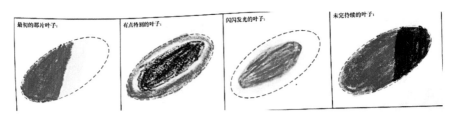

作者：沈云灏

有点特别的叶子：叶子中间大部分是黑色的。记得有一年我的日子特别难熬，亲人和狗狗相继离开，每天去学校都没什么精神……后来想到他们一定不希望自己一直这样下去，肯定是希望我更好的，我不想让他们失望，慢慢恢复过来……第二年我又重新养了一条狗，全家人约定好要一起好好照顾它。

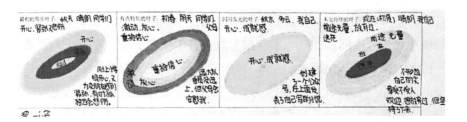

作者：夏婧瑶

闪闪发光的叶子：之前自己创建了一个公众号，在上面发表了自己的原创小说，感觉对于自己来说这是一件很有成就感的事情。用心写的故事能够用这样的方式记录下来，可以坚持并践行自己喜欢的事情真的很开心。

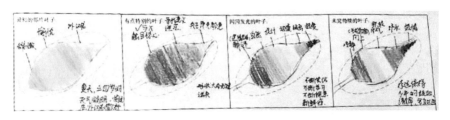

作者：方黄瑶

未完待续的叶子：我希望自己能够永远保持少年时的热血激昂，全力以赴追求自己的理想。理想中的自己是冷静的、向上的、乐观的、热情的，能够用自己的汗水去实现自己想要的未来。

（上海杨浦双语学校　郑沁怡）

我的熊猫我做主

教学目标：通过绘制心中的"小怪兽"，学会接纳多样的自己，包容自己的不足。

课　　时：1课时

教学准备：4K纸若干、彩色笔若干、电影《青春变形记》

教学过程：

暖心导

同学们，看过《青春变形记》这部电影后，有哪些情节让你们印象深刻？记得电影的结尾有这样一句话："我们都隐藏着一个邋遢、吵闹、怪异的自己，只是很多人从没让它暴露过。"比起成为想象中的那个"完美小孩"，或许成为自己更重要。

静心绘

请同学通过绘画的方式，试着去探索一下那些不为人知的另一面的自己。设计一个在你心中能代表自己的小怪兽。这个小怪兽也许是那个曾经上台胆怯的自己，也许是青春期长了痘痘而焦虑的自己……不管怎样，请你表达出那个真实独特的自己。

……

畅心议

请你分享一下，小怪兽的颜色和形象设计有什么样的寓意？请用一些形容词来描述你心里的小怪兽，并给它起个名字。

请结合自己的作品想一想，美美在什么样的情况下会变成一只红熊猫？那你的这只小怪兽，遇到什么样的事情会现身呢？这只小怪兽出现后可能会做出怎样的事情？有什么后果？

你愿意和现在的这只小怪兽共存，还是想将它封印起来呢？

……

静心绘

后来，随着美美的成长，这只红熊猫好像和美美融为了一体，不再被她排斥，还帮助美美完成了很多事情。请你思考一下背后的原因，给自己的小怪兽增加某些元素，使它不再具有破坏力，甚至变得可爱。

……

畅心议

你的这些元素有什么样的寓意？

请结合生活实际想一想，红熊猫之所以不再具有破坏力而变得可爱，是红熊猫自己改变了吗？面对自己的小怪兽，我们具体可以做些什么？

现在让我们试着接纳小怪兽，学着成长，你是否愿意和小怪兽共存呢？

……

慧心思

美美和她的红熊猫互相陪伴，有欢笑，也有泪水。有没有可能随着自己的成长，小怪兽还会给我们带来一些意想不到的惊喜呢？请同学们也试试编一个属于自己和小怪兽的小剧本吧。

总结：其实我们每个人心中都有一只"情绪小怪兽"，当我们处于和美美一样的青春期时，它可能会时不时地蹦出来且具有一定的破坏力。是否能与其共存，要看我们自己。所以，不如像美美一样，使小怪兽变得可爱起来，让我们试着接纳这个调皮的小家伙吧。

教学反思

这一课的设计灵感来自当下一部非常火的动画片《青春变形记》，我想这是一个能帮助学生接纳自己的很好的例子。因为孩子们在成长过程中，或许都感到过迷茫，习惯着去做大家都在做的事，忙着成为被大多数人认同的"完美小孩"，而且有时候这些完美越来越趋同：好成绩、多才多艺、学霸……但是孩子们最应该寻找真正的自我，只有这样才能接纳自己，成为更好的、更立体的自己。这节课上，许多孩子愿意勇敢地暴露自己的隐藏面，这就是一种成长的勇气，我为他们感到自豪。同时，在这些小怪兽的作品上，我们给予小怪兽一定的时间和空间，与他共存，把那些不能够改变的（如肤色、家庭等），变为自己的一部分，不过多焦虑。把精力放在可以改变的地方，与自己和解。起初的略有嫌弃已经烟消云散，看着孩子们可以越来越忠于自己的内心，我很欣慰，这节课的目的其实就已经达到了。我想比起成为"完美小孩"，接纳自己的每一面、成为自己，或许更重要。

作品与解读

《火凤凰》

作者：夏正宇

——我想表达的其实是我的愤怒情绪，我首先想到了用红色代表愤怒。一开始，我只想画一团火焰，因为感觉自己容易生气。后来老师让增添一些元素，我突然就想到了把火焰画成凤凰，因为凤凰是有灵性的。我想如果我们每个人都能够自己管理好愤怒情绪，是有积极意义的。

《球球怪》

作者：杨子琦

每当我们激动、难过、生气、烦躁的时候，就会心乱如麻。我设计了这个可爱的小家伙，它永远也不会嫌弃拥有这些负性情绪的主人，它在伸手要抱抱。我在它的轮廓上添加了柔软的毛毛，既温暖又解压，其实这是可以缓解负性情绪的。它的毛色也非常可爱，能让主人及时平复心情。不过，只有当主人试着接纳它、努力平复心情的时候，球球怪的毛才会由坚硬的刺变成软软的毛，颜色才会变得令人感到舒服温暖。

《幽幽怪》

作者：阮熙雯

幽幽怪在我恐惧和害怕的时候会出现。其实我不是害怕这种情绪，而是有时候一恐惧就容易慌乱、失去理智。这个时候最该做的事就是让自己冷静下来。我给幽幽怪加了优美的歌声，其实就是鼓励自己时说的一些话。如果我可以告诉自己"不要紧张！稳住！"，幽幽怪就会给我带来无限的力量，就像走夜路时，它在陪你唱歌。

（上海市黄兴学校　赵思迪）

生命发展篇

"绘"润心理课

织线人生

教学目标：从回顾过去、关注当下、展望未来三个维度，引导学生立足当下、憧憬美好未来。

课　　时：1课时

教学准备：彩线、胶水、彩笔、白纸

教学过程：

暖心导

如果用一些色彩来描摹你的人生，你觉得是什么颜色？并说说理由。

……

静心绘

现在我们的手中有五颜六色的织线，如果用它们去描绘我们的人生，那会是什么样子呢？请同学们用一些符号、色彩、形状、图案等来分别表达你印象中的过去、感受中的现在和期许中的未来。哪一件事、哪一种心情、哪一种体验是你对这三个阶段最简洁的表述？随着生命的成长、岁月的流逝，它们会在你的脑海中慢慢沉淀下来。请你用手中的织线将它们展现出来。你可以将手中的纸等分成三份（见下图）。

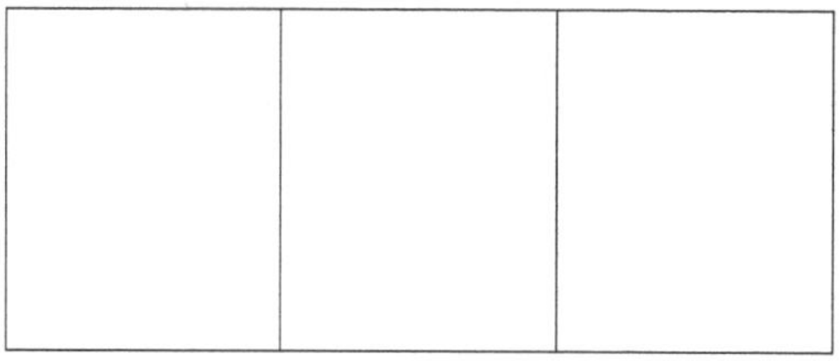

三个区间分别表示过去、现在、未来三个阶段，也可以在整张纸中将这三个阶段呈现出来。请同学们跟着老师的导语，一起进入我们的活动环节。

指导语（伴有音乐）：

人的一生由很多个昨天、今天、明天组成。当我站在现在的时间点上，回顾过往的种种，那是一种怎样的色彩呢？什么样的场景最能代表过去的生活？什么样的画面是留存记忆中最深刻的样子？

时间在一点一滴流逝。今天，我已经十二岁了，哪一种色彩能代表我现在的状态？现在的生活令我映像最深刻的是什么？我有怎样的心情？我又有怎样的困惑？我要用最简单的符号和画面表现它。

当我打开未来之门的时候，似乎有很多未知蜂拥而入。我也许不能很清晰地知道那是什么，但想到它我就心潮澎湃，我的心中有一束光。未来的人生是一种怎样的色彩？我期许的美好又是什么样子的？

现在，请同学们拿起手中的织线，它是神奇的，可以任由你摆出想要的状态，它代表着你的过去、现在和未来。

……

畅心议

请你介绍一下这幅作品，重点说说你最满意的部分。请你从色彩的角度来呈现一下你的"织线人生"？这些色彩分别代表着什么？我们的过去、现在、未来最终可以连接成一条线，你觉得这三者之间有什么联系？现在的你想对过去的你说些什么？未来的你想对现在的你说些什么？

慧心思

请同学们再次观察一下彼此的作品，你有什么新的发现吗？弯弯曲曲的甚至可以无限延长的织线是不是和我们的人生有些许相似？

总结：成长路上我们会经历许多欢笑，也会面对诸多曲折，但我们的未来是无限延展的，也拥有着无限可能。成长的过程中也许有许多问号，但正是因为诸多的色彩和无限的可能，让它们渐渐变成了感叹号。

教学反思

本课采取了拼贴画的形式，媒材选取的是做中国结的手工编织绳，也可用毛线代替。按画纸中的区隔数量定义，运用了三分格。横向的画纸既有并列感，从左到右也给人带来纵横的延伸感，可以用这样的方式探索同一个主题的三个不同方面。本课探讨的是生命教育，三分格分别代表着过去、现在和未来。活动中教师通过音乐和导语，让学生尽可能地放松，在记忆中慢慢沉淀一幅幅场景，分别代表自己不同的人生阶段。在这个过程中，教师帮助学生体验不同的色彩、符号、图案的具体喻意，引导学生挖掘自身资源，激发积极正向的能量。

作品与解读

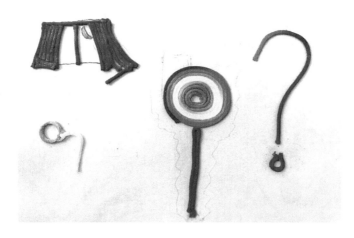

作者：陈娇

过去我经常一个人在家，总会感觉到孤独；现在爸爸妈妈陪我的时间多了，棒棒糖代表着甜蜜和乐趣，生活从蓝色变得五彩斑斓，这也是我最满意的部分。未来我用了问号来表示，代表着疑问和神秘。这个问号的前面一部分用的是粉色，这也代表着我的梦想。

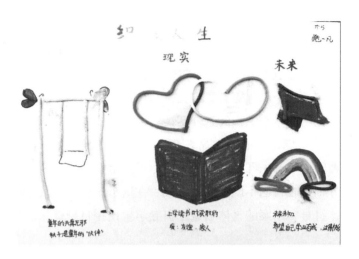

作者：鲍一凡

秋千是童年的伙伴，那时的我是天真无邪、无忧无虑的；上小学后，我收获了更多的爱，来自朋友和家人，于是我用两颗爱心来表示；未来我希望自己学业有成，彩虹是对美好生活的祝愿。未来的我想对现在的自己说："加油，一定要戴上心仪的学位帽哦！"

作者：王梦瑶

童年生活丰富多彩，我一直被爱包围着；现在的我生活中有明有暗，有开心有烦恼；未来可期，它对我来说都是值得期待的，所以我用笑脸来表示。如果要说过去、现在和未来的联系，我想那就是我始终都能感受到身边的爱，无论成功还是失败，爱让我心中一直有阳光。

我的心灵花园

教学目标： 引导学生调整身心，发现自身资源，以积极心态迎接新学期。

课　　时： 1课时

教学准备： 彩笔、A4纸

教学过程：

暖心导

同学们是带着一种怎样的心情步入新学期的？是欣喜，还是迷茫？也许有些小沮丧，甚至有些焦虑……

静心绘

请大家尽力平静下来，用你当下的感觉去构筑一个属于你的心灵花园。当然，任何时候你都可以改变这个你自己建造的花园。我想邀请你完全按照你的意愿去想象一个花园。

请你闭上眼睛，想象有一片土地，有着肥沃的土壤，充满了能量。也许这块地方不大，就像阳台那么大的地方就可以了；也许它是更大一点的地方，它是一道花园式的风景。请你勾勒一下它的样子，它是属于你的自由天地，可以让你小憩，当你走近它时，你会感到舒畅。你的这座花园有没有边界？如果有，它可能是栅栏、树篱、墙或是树。它也可能是开放性的，不设任何边界……想象哪个你更喜欢。

　　……

现在开始种植你的土地。你可以在你的花园里种植你喜欢的东西……

你可以在花园的某个角落里建造一个肥料堆。你可以把你不想在花园里种植的或者不喜欢的任何东西都放在这个肥料堆里。肥料堆会使土壤更肥沃。

如果你喜欢，你可以进一步建构你的花园，或许你想制造一个水域、一个池塘、一个水源或一条小河……

如果你喜欢，你可以在花园内建造一个休息的地方，它可能是一块石头、一把座椅、一个帐篷……

或许你想要你的花园里有些动物，如果是这样，你喜欢什么样的动物呢？

一旦你按照自己的意愿建构好了自己的花园，你可以在任何时间选择一个角落坐下来，享受你的花园。

……

畅心议

当你在绘制这个花园的时候，你的心情如何？

当你置身其中时，请看看你的周围，你看到了什么颜色和形状？你听到了什么？你闻到了什么？在这个地方你的身体感觉如何？你最喜欢其中的哪一处风景？

你可以考虑邀请你喜欢的人到你的花园来，但是要确保这个人欣赏你的花园和你为之付出的努力。如果有这样的人，你觉得他（她）可能是谁？

……

慧心思

如果你的花园中有肥料堆，那里放着是你不喜欢或讨厌的东西，也许某一天它们也能成为一种能量，为你的花园蓄积力量。你觉得可能的原因是什么？

……

总结：请你再次环顾一下你建造的花园，它是如此特别，它让你的心灵温暖、放松。你可以在任何时候回到这个花园，看看这里的一草一木，放松身心。你也可以对它做一些改变，只要你想，就可以不断增添或者除去花园里的东西，不断构筑你心目中喜欢的美丽花园。

教学反思

本课是下半学期的第一节心理课，既是新学期的第一课，也是新的一年的开篇，因此我们以"心灵花园"作为主题，让学生梳理心情，埋下美好的期许。本课参考了辩证行为疗法中的情绪稳定化技术，以绘画表达的方式让学生开启新一年的学习生活之旅。

当被问及绘制时的感受时，有学生说蛮放松的，也有学生说有点紧张，因为担心画坏了。对于后者，教师可以做适当的释义，我们的笔触即使无法完全呈现我们心中的花园，这也是我们用心创造的，是独一无二的。

一节课的时间虽然很短暂，但是学生们创作的作品可以作为一份期许、一个愿望浸润于他们心中。我让学生把这个"花园"压在自己的书桌下，需要时可以随时浏览、任意填涂，既可以作为情绪放松的一个途径，又给予学生积极暗示的力量。有趣的是，当几个月后，在上其他内容的心理课时，有学生再次提到心灵花园中的堆肥，"把烦恼存储其中，化为另一种促使自己前进的力量"。

作品与解读

作者：谢琳

花园中有一棵巨大的树，生机勃勃，还有鸟、蝴蝶、向日葵和小花，一把黑色的椅子，可以坐下来休息。很喜欢这种阳光明媚、充满生机，又有清脆鸟叫的花园。

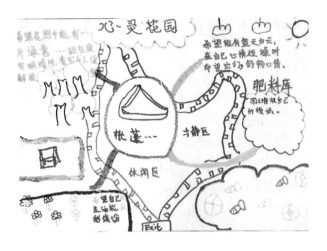

作者：兰羽洁

我的花园分了很多区域，有冷静区、休闲区、绿林区等，我的肥料库可以堆放自己的烦恼和快乐。每当自己难过的时候，我就可以回想快乐的事情，放松心情。

作者：赵翊苒

我的花园中有一块可俯视的地毯，那是快乐的元素。喷山会喷走烦恼。很多时候，坏可能变好，错误变成教训，压力变成动力。

作者：朱欣妍

我喜欢睡觉，做针线活儿。太阳是画上去的，当没有太阳时，我们可以在心中种一个太阳。围墙可以阻拦烦恼。

我的成长小书

教学目标： 引导学生了解新学期的努力方向，帮助学生提升适应力，激发学生对新学期的向往。

课　　时： 1课时

教学准备： 折好的小书、彩色笔

教学过程：

暖心导

同学们，今天是我们新学期的第一节心理课，现在大家都拿到了一本属于自己的成长小书，让我们为自己的小书"增砖添瓦"吧！

静心绘

请同学们回忆一下开学前的自己，如果让你摆一个动作代表当时的心情，你会做什么姿势呢？可以借助手边的一些物品作为道具。如果让同学们再做出一个表情来表达开学前自己的情绪，你觉得应是什么表情？所处的环境是怎样的？请同学们以简单的卡通小人的形式，在纸上画出自己的动作和表情，并画出背景。

……

畅心议

请有意愿的学生上讲台摆姿势，其他学生在自己的位置摆姿势，并分享一下为什么会做这个动作。有道具的同学也可以讲讲为什么要借助这个道具。

这个表情和场景意味着什么呢？请用两、三个短语加以概括。

······

静心绘

同学们，现在把目光聚焦当下，在第二个格子中画出当前自己的状态。你的心情发生了怎样的改变？请画出新的小人，以他的动作、表情和所处的环境代表自己现在的想法。

······

畅心议

和开学前的自己对比，你的心情有了哪些变化？外界环境有哪些变化？这些变化又给你带来了什么样的感受？

······

静心绘

最后请大家再把目光转向未来，想一想在接下来的学习和生活中，你希望自己有哪些改变，或者说对自己有什么样的期待。你可以借助一些道具，将某个场景、某种心情画在第三格中，还可以加一些小旗子表明自己的目标。

······

畅心议

在对未来的畅想中，你的心情是怎样的？你想如何行动？

你希望第三幅图的发生时间是什么时候？可以具体到学期结束、两周以后或者某个月份等。

你的旗子有什么样的含义？对应着哪些具体目标？

······

慧心思

我们会发现，外界环境的改变往往会影响到我们自身的心情。当我们无法左右环境的改变时，你有哪些好的方法来调整自己的心态呢？同学们可以结合自己的三幅作品思考并交流。

总结：到这里，我们心理小书的绘制就告一段落了，但是我们的成长还在继续，每一天都是新的篇章，大家一起通过每天的一点一滴来积聚自己的成长小书吧。

……

教学反思

本节课比较适合在开学初期开展，聚焦学生适应力的提升。在教学过程中，引导学生回忆开学前的自己、开学后的自己和未来的自己，借助卡通小人的动作、表情以及所处的场景，帮助学生们把抽象的感觉和状态投射纸上，变为具象的感受表达。在教师的引导下，帮助学生敏锐地觉察、感受外界环境变化给自己造成的影响，并且学着去接纳自己当下的状态，学会给自己预留适应的时间和缓冲的过程。最后，通过畅想未来，给自己画旗帜，将目标具体化、可视化，从正向积极视角出发，带给学生积极的动力，引导学生乐观地面向未来，这也是本节课的升华。教师可以为学生保留成长的小书到既定的时间，这个小仪式感既是对学生成长旅途的见证，也是对学生个人目标实现的印证。

作品与解读

作者：张艺馨

刚刚开学，我的第一感受就是教室里特别热，感觉自己有些浮躁，对比假期在家开着空调的日子，还是觉得放假开心些。但是，当老师让我们畅想未来时，我想给自己一些积极的心理暗示，因为如果一直认为初中阶段很难，那可能就真的很难了。其实再难的事都能解决，所以不如让自己以平静的心态、轻松的心情面对新环境。

作者：左键宁

假期的我十分开心，但是开学后的我心情也不差。虽然有时候会有一点点急躁，但是我努力让自己平静下来，适应新学期的新生活。这学期我同样有许多目标，比如我的语数外成绩、体育成绩要提高。我对未来信心满满，我相信我能做到，请老师和同学们一起见证吧！

作者：李梓涵

我是一个性格比较内向的女孩，开学前我就担心到了初中会不会交不到好朋友。现在，在新班级、新环境里，我比较胆小，有时候想笑又不敢笑，所以我给自己的目标不是学习成绩提高多少，而是希望自己能够更自信，能够主动地去结交一些新朋友。老师看到我的作品后非常温柔地关心我，同学们在课堂听了我的分享后也纷纷表示愿意和我做朋友。我真的很开心能遇到这样的老师和班集体。

（上海市黄兴学校　赵思迪）

叶世界

教学目标：让学生感受创造的快乐，学会寻找和憧憬美好生活。

课　　时：1课时

教学准备：落叶、彩笔、胶水、剪刀、白纸

教学过程：

暖心导

快乐的心情是我们都希冀的，请同学们想一想生活中有没有哪一刻是你感觉特别舒适、特别放松、特别幸福的时刻？也许它留存于你的记忆中，也许它是你期许的未来的某一刻。下面请你跟着音乐，想象一下这是一个怎样的画面。

静心绘

请同学们闭上眼睛想一想：如果有这么一个时光机器，带你来到那幸福一刻，你希望是过去的某一点，还是未来的某一瞬？请你跟随着自己的心来到那一刻。那一刻是你想要留住的时光，是你希望永不停止的时刻，它可能是你解完某道难题的那一刻，是亲情陪伴的某一幕；可能是一杯奶茶、一顿美食、一次运动；可能是至亲的微笑、高山云海、落日晚霞……那一刻让你感到轻松、惬意、快乐。这是一幅怎样的画面呢？其中有没有人？如果有，他（她）或者他们是谁？请你再仔细看看周围有一些什么，此时的你在做些什么。如果让你勾勒一下这样的时刻，你会用什么颜色、什么笔触？我们手中的叶子就是这张画的主角，你可以任意裁剪它、粘贴它，利用它去呈现你脑海中的幸福时光。当

然，叶子也许无法穷尽大家想表达的内容，但我们可以在拼贴的叶子上任意添画，组成完整的图案。

......

畅心议

请描述一下自己的作品。如果要给你的作品命名，它的名称是什么？

这个幸福的时刻有谁和你一起分享？当你遇到困难的时候，他（她）可能会对你说些什么？

在日常生活中，你有没有留意过这样的时刻？

当这一幸福时刻呈现在你面前时，你想对自己说些什么？

聆听了他人的幸福时刻后，有发现和你相似的地方吗？如果有，是什么？

听了他人的介绍，如果现在让你对幸福下一个定义，你会如何定义？

......

慧心思

当看到这么多的落叶变成我们手中的幸福时，你想对大家说些什么？

......

总结：这些落叶在我们手中创造了幸福。老师为每一位同学点赞，你们的每一幅作品都是精彩独特的，这是你们的"叶世界"。每个人心中总会有这么一幅画卷让你泛起快乐的涟漪，而眼前的这幅作品，是你们的回忆抑或是缔造的幸福时光，它也许很抽象，但却很有创意；它也许很普通，但却很珍贵。因为当你们用心去发现，一朵花、一片叶、一个人、一双手、一件物，都可以成为你们幸福的源泉。当你抬头看到这片"叶世界"时，能让你想到拥有的快乐时光以及在课堂中的轻松一刻。

教学反思

拼贴画是日本的森谷宽之首创的一种绘画心理治疗技术。本课在媒材上使用了树叶这一载体，一是因为秋天落叶在校园内外随处可见，媒材的选择十分便捷，能够引起学生的兴趣；二是因为落叶本身是废弃材料，但通过学生们的创造能够化腐朽为神奇，这一过程本身就能带给孩子们震撼。从无用到有用，生活中处处不缺美好。本课的主题与"生活中的幸福画面"相链接，让学生们在回忆和感受幸福中创造属于自己的"叶世界"。值得一提的是，在学生的作品中，呈现较多的是同伴交往以及游戏、抖音。同伴和娱乐成为初中生快乐的源泉，这也为教师的后续辅导提供了依据。

作品与解读

作者：王懿

这是校园里的小树林，林间有万物，如昆虫、植物、水珠、瓢虫等，一切都令人惬意。

作者：陈语涵

这幅作品的名字叫《姐姐》，这是我的姐姐，她笑起来很美。每当我遇到困难的时候，姐姐总会在第一时间给我鼓励。

作者：卢子恒

这幅作品的名字叫《兄弟》，这是我和哥哥的两只手，我们一人一只手共同托举一件重物，就如同我们共同去克服困难一样。

青春煎饼侠

教学目标：了解青春期的体相烦恼，觉察由生理变化引起的心理、情绪变化，学会面对体相烦恼的具体方法。

课　　时：1课时

教学准备：A4小人模板若干、情绪贴纸若干（开心和不开心）、彩色笔；将学生分成若干小组。

教学过程：

暖心导

同学们已十一、二岁，国际规定十至二十岁这个阶段为青春期，这节课请同学们来感受一下，进入青春期后我们的身体和心理会发生哪些变化。

静心绘

我们的生理变化

每位同学面前都有一个青春煎饼人，它代表着我们自己。请你想一想进入青春期后，自己的身体有哪些变化？哪些变化让你觉得不太舒服，请在此处贴上不开心的表情贴纸；哪些变化给你带来愉悦的感觉，请在此处贴上开心的表情贴纸。

我们的心理变化

老师在这个小煎饼人旁加了

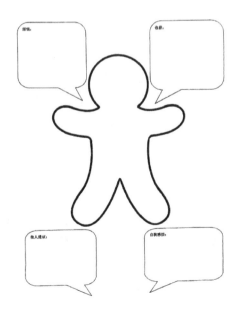

许多对话框，表示内心的独白。请同学们想一想，相比于童年时期，你多了哪些烦恼？请用黑色笔写在对话框中。又多了哪些收获或不一样的体验呢？请用红色笔写在对话框中。

畅心议

请同学们小组内交流，看看大家的烦恼是否一样。
如果让你从旁观者的角度给他人的烦恼想一些解决的办法，你会怎么做？
在这些充满了欢乐和烦恼的煎饼人身上，你有什么新的发现吗？
小组内同学的不同收获又给你带来了哪些思考呢？
……

对于我们身体的这些变化，老师也有话说。不管是男孩子还是女孩子，这些都是非常正常的生理现象，比如青春痘就是因为我们身体发育中激素分泌旺盛而导致的现象，我们可以通过合理饮食、适度清洁、正常睡眠来改善。

静心绘

请同学们想一想，如果某一天青春煎饼人变成了青春煎饼侠，此时的它会是什么模样？如果你想好了，请你把它此刻的形象描绘出来。
……

畅心议

青春煎饼侠是什么模样？
你觉得它最有力量的地方是什么？
它的这些装备在生活中分别代表着什么？
……

慧心思

如果此刻我们要给青春煎饼侠赋予表情，它会是什么样子的？它会用什么样的方法去应对它的青春烦恼？
……

小技巧：接纳成长（成长型思维）、卫生保健、合理作息、情绪管理。

总结：其实成长就是这样，有酸有甜，有苦有辣。每个阶段都是一种经历体验，都有不同的收获。每个人也有不同的烦恼和不同的快乐。爱惜自己、享受当下就是对自己最好的回馈。

教学反思

煎饼人这一卡通形象初中生较为熟知，给人以可爱的憨憨的感觉。将这一形象和学生青春期的体相烦恼相结合，增强了课堂的趣味性。本课谈的是青春期的烦恼，这一话题对有些学生来说较为敏感，不愿袒露，但在煎饼人身上演绎则显得尤为自然。大家把自己的烦恼通过贴纸的形式生动地表现出来，同时在同伴和老师的指导下获得解决办法。

特别是煎饼人化身煎饼侠这一环节，在人物设定下，自然地赋予了力量，也圆了很多孩子的英雄梦。在这一部分，大家尽情地为煎饼人添置装备，甚至是顶在头上的一盒爆米花、拿在手上的一罐可乐，增加了无穷的力量。煎饼人化身煎饼侠是一种积极的人生态度。通过与现实生活的联系，引发学生深入思考、积极行动。

作品与解读

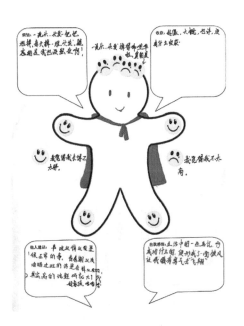

作者：刘林岚

我一直烦恼于自己头发掉得多，今天才知道原来很多同学和我一样，青春期头皮毛囊分泌油脂过多，堵塞毛孔易掉发，要加强清洁，少吃辛辣食品。我为煎饼侠增加了一件红色披肩，生活中的一些喜悦、小成功等是这件披肩的材料，也让我有勇气去"飞翔"。

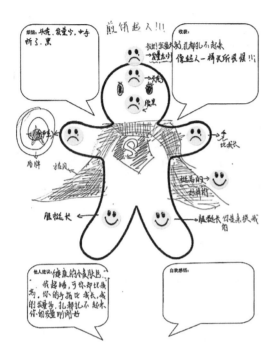

作者：李心娱

我感觉到的烦恼原来在同学眼里成了令人羡慕的元素，看来我还是要全面地看待自己。我给煎饼侠添置了一个盾牌，这个盾牌是乐观的态度，让我能够像超人那样无所畏惧。

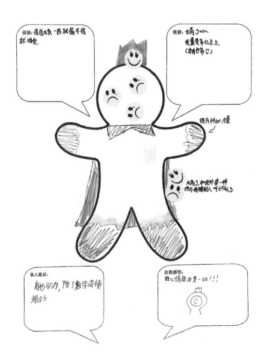

作者：朱静怡

我知道如何处理痘痘了，这个烦恼原来这么多同学都有。我想好心态是面对烦恼的一切源动力吧，增强自己的情绪管理能力就能够拥有神秘的力量。

小萝卜的四季国之旅

教学目标：感受四季的独特，发现生活中的美；了解生命的价值与意义，珍视生命的每一段历程。

课　　时：2课时

教学准备：学习单、彩色笔、PPT

教学过程：

暖心导

同学们，一年四季中，你们最喜欢哪个季节？看来喜欢春、夏、秋、冬的都有。今天我们的主人公是小萝卜，他要背上背包去四季国旅行，感受春、夏、秋、冬。但是它觉得四季国好像并不开心，我们看看这一路上它经历了什么。

静心绘

（教师出示PPT）春天说："大家怎么会喜欢我呢？我总是让各种花粉传播开来，引得许多朋友皮肤过敏。"夏天说："大家怎么会喜欢我呢？我总是让人们在热得流汗的时候，还要遭受蚊虫叮咬。"秋天说："大家怎么会喜欢我呢？我让许多叶子都掉光了，到处都是光秃秃的枝杈。"冬天说："大家怎么会喜欢我呢？我总是让人们在严寒里感受风雪交加，给行人带来了众多不便。"小萝卜听了四季国的谈话，会想到些什么呢？请同学们给起始点的小萝卜涂上一种或多种颜色来表示它此时的心情。

……

听了四季国的心声，请大家帮助四季国重新变得开心。请你把春、夏、秋、冬四个季节中，你眼里的美丽之处画在四个方格中，不一定是景物，也可以是这个季节发生的美好事物。

畅心议

画完后，请同学们分享交流，你眼中的四季国有什么样独特的美。

……

虽然我们知道每个季节都有自己的缺点，但是，当我们看到每个季节的美，感受到它的独特，也会发自内心地喜欢上这个季节的一切。

静心绘

同学们的帮助使得四季国重新变得欣欣向荣，现在四季国也想送些自己的东西给每一位光临的游客作为旅行纪念。请你将小萝卜经过春夏秋冬沿途收集到的物品画在道路上。

……

畅心议

请你想一想，小萝卜的背包里会有些什么呢？为什么你会收集这些东西？

……

听了同学们的分享，我真的感受到生活中的许多小美好。可能我们收集到的东西只是一颗小石头、一粒松果、一片叶子，但是这对于我们而言有特别的意义，它见证了我们的旅行，给我们带来快乐，承载着我们宝贵的回忆。

静心绘

小萝卜要和四季国之旅说再见了，此时的小萝卜虽恋恋不舍但也收获满满。经过这次旅行，你觉得小萝卜又是一种怎样的心情呢？请你用一种或几种颜色来表示终点小萝卜的心情吧。

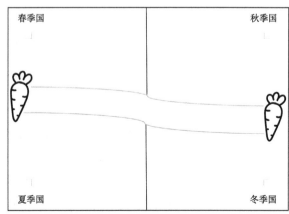

慧心思

通过今天的旅途，你认为小萝卜最大的收获是什么？如果要给四季国写一段留言告别，你觉得小萝卜会对四季国说些什么？

……

总结：本节课到这里就要和四季国之旅说再见了。四季国的旅程结束了，但是生命的旅程还在继续。希望同学们能够珍视生命的每一段历程，珍爱值得爱的人、事、物，抱着对生命的热爱，在成长的道路上不断前行。

教学反思

一个人对生命的热爱体现在热爱生活的点点滴滴上，我们经常会因为生活中的小事而抱怨，从而忽视了生活中的美。这节课通过小萝卜到四季国旅游，发现春、夏、秋、冬都在抱怨自己不够美好，引导学生帮助它们发现自己的美好。这种美好正是学生结合自身，在现实生活中体验和感受到的，我们可以通过聚焦美好感受、放大美好事物，获得更多的愉悦体验。最后，通过小萝卜一路收集的礼物升华本节课的主题：美好的礼物不一定是用金钱买来的，不一定贵重，它可能是大自然的一片叶子、一块石头。有特别意义的旅程就是美好的旅程。

作品与解读

作者：陈语涵

这一路上我可能收获到了每个季节的独特礼物：春天在树下读书时飘落的樱花，夏天和朋友游泳时用过的泳圈，秋天和妈妈一起放飞的风筝，冬天和朋友一起打雪仗的雪球……我觉得它们承载了我一年四季的美好回忆，是最宝贵、最美好的礼物。

作者：王梓欣

好想对四季国说："你们别难过，光是看树木的变化就是那么的神奇，这都是你们的魔力呀。春天有粉色的桃花，夏天有翠绿的枝叶，秋天有金黄的落叶，冬天有被雪覆盖的冰条树枝。每个季节都有自己独特的美，这多有趣呀！谢谢你们给我带来了有不同体验的一年四季。"

作者：周美妍

春天多好呀，万物复苏吐新芽；夏天多好呀，我可以吃冰激凌和西瓜；秋天多好呀，好多果实都丰收啦；冬天也好呀，冬雪可以冻死一部分过冬的害虫。虽然一年四季总有那么一点不完美，但是我还是生活得无忧无虑，乐此不疲地年复一年！

（上海市黄兴学校　赵思迪）

寻找生命的"火花"

教学目标：通过制作生命小书，帮助学生寻找自己的生命"火花"，了解生命的意义。

课　　时：1课时

教学准备：A3纸制成的生命小书、彩笔

教学过程：

暖心导

2020年底有一部非常热门的电影《心灵奇旅》，这部电影的主人公名叫乔，我们先来通过视频了解一下乔的故事。

（教师播放视频并进行讲解）乔是一所中学的音乐老师。他非常热爱演奏钢琴，终于他获得了一个梦寐以求的到纽约最好的爵士乐俱乐部演出的机会。然而，一个意外让他进入另外一个宇宙。他很想回到地球，但是都失败了。他需要找到自己的生命"火花"，才能获得回到地球的通行证。

静心绘

演奏钢琴、成为爵士乐钢琴演奏家是乔生命的"火花"。同学们，你的生命"火花"又是什么呢？今天我给每位同学带来了一本小书，请在封面上写上标题"生命的'火花'"，作者就是你们自己，再写上日期，并在第一页上用彩笔画出你的生命"火花"。

畅心议

请介绍你的生命"火花"，这个生命"火花"给你带来了什么？

学生分享了自己的兴趣、爱好、梦想、目标……以及这些"火花"带给自己的快乐、价值、成就感……

静心绘

从同学们的分享中，可以看到每个人的生命"火花"是不同的、多样的。而乔终于赶上了7点的爵士乐演奏会，演出获得了成功，他找到了自己的生命"火花"，感受到了成功的喜悦。但是喜悦感很快就消失了，他有些迷茫和困惑，开始反思自己的生活。让我们继续看视频（电影选取的片段是乔与著名萨克斯女王的一段对话，以及乔回忆的生活中的点点滴滴）。

在刚才的视频中，乔发现原来除了演奏钢琴以外，生活中还有很多以前没有感受到的或是被忽视的"火花"。同学们，在我们的生活中是否也有一些被我们忽视的"火花"呢？请将你新发现的一些生命"火花"画在小书的第二页上。

畅心议

你新发现的生命"火花"是什么？

学生分享日常生活中体验到的各种幸福、美好，包括亲人之间的亲情、朋友之间的友情，以及战胜困难和挫折的经历，还有积极乐观的心态……

慧心思

我们会发现，无论是第一页的生命"火花"，还是第二页的生命"火花"，都是值得我们珍惜的，是它们共同点亮了我们的生命。

最后，请同学们将小书翻到第三页。请每个同学在第三页上为《生命的"火花"》这本书写一段结语。这个结语可以是你对生命的"火花"的理解或感悟，也可以是你在创作这本小书时的感受。

总结：生命的"火花"到底是什么？它可能是未来想要实现的梦想，是当下喜欢做的事，是家人、朋友的陪伴，是不惧挫折、克服困难的勇气……生命的"火花"存在于生活的点点滴滴，它在我们生命的每一个时刻悄然绽放。

教学反思

在本节课中，我采用了绘画、书写、小书等表达性艺术辅导的方式，受到学生的欢迎。我借用小书的形式让学生画出自己的生命"火花"，学生在创作的过程中非常投入，也非常用心。

绘画形式可以让学生沉浸在追求梦想、享受当下、感受幸福的情境当中。在绘画中，学生也发现了自己对生命"火花"的新感悟。最后一个环节是为《生命的'火花'》这本书写结语，运用书写的方式，学生表达出对于生命"火花"更深刻的理解，也对自己的生命有了一种激励。这些绘画、结语都写在一本小书上，这本小书成为一个承载学生"火花"的作品，这种新颖的形式让学生有了创作的热情，有了这是属于自己的小书的自觉。在课后，学生纷纷表示想要自我保存和珍藏小书，这也使这堂课达到了更加持久的辅导效果。

在施教的过程中，我发现这节课上下来，谈论的基本上都是美好的事物，无论梦想、爱好，还是享受生活、感受幸福，带给学生的都是美好的体验与感受，他们很愉快地度过了创作"火花"、分享"火花"的一节课。但生活中不仅仅有美好，也会有挫折、有困难，这些需不需要跟学生谈呢？怎么谈呢？那段时间，我正在读的一本书《活出生命的意义》给了我一定的启发。在这本书里，作者维克多·弗兰克尔提到寻找生命的意义的三个途径：一是做有意义的事；二是关爱他人；三是拥有克服困难的勇气。这让我进一步确认，战胜挫折、克服困难也应该是我们生命的"火花"。我开始从学生的发言中，引导学生看到花一个多小时做出一道难题，完成一件对自己来说有困难的任务，从中获得成就感、自信感，也能够燃起我们的生命"火花"。

于是，学生对于生命的"火花"有了更加多样的领悟。一个学生画出了两个笑脸，一个代表积极、一个代表乐观，她说："生命的'火花'不再是一个具体的东西或事物，而是一种积极乐观的心态。"在最后写结语时，有学生写道："生命的火花到底是什么？它可能是具体的，也可能是抽象的，但是有一样是确定的，那就是都需要有积极乐观的心态作为前提。它不仅可以让我们感受生活的美好，也可以使我们在面对挫折和困难时勇往直前。"

作品与解读

作者：姚唐若欣

我生命中的"火花"是未来想要实现的梦想。

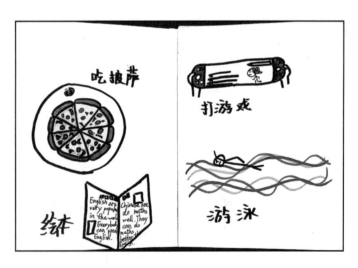

作者：苗馨淼

我生命中的"火花"是做自己喜欢的事。

（上海市西延安中学　杨红丽）

再绘雨中人

教学目标：觉察压力的具体来源，学习通过发掘外界和自身资源积极

应对压力的方法。

课　　时：1课时

教学准备：PPT、学习单、彩色笔

课前准备：

暖心导

大家有没有伫立在雨中的体验？今天我们就一起通过绘画来感受一下雨中人。

静心绘

现在我们的眼前是一个站在雨中的人，他（她）是我们的同龄人，你觉得此时此刻他（她）的心情是怎样的？请你把他（她）的表情画下来，并将其填写在右边的人物方格中。

......

畅心议

为什么这样画？

你觉得现在的他（她）正看向何方？

他（她）可能在想些什么？心中又有怎样的期待？

此时的他（她）是驻足在那里还是在走动？你觉得他（她）将要去哪里？

你觉得现在的雨势是怎样的？雨量怎样？雨有没有阻碍他（她）的行动？

如果雨象征着学习生活中的压力，比如学业任务（要求）压力、生活中的挫折等，你觉得生活中的雨主要来自哪里？

......

静心绘

你觉得现在图画中的雨滴足以表现出他（她）所在地的雨势吗？你可以通过绘制附加物来表现目前的雨量。如果你要增加降雨量，可以通过添加诸如雷电、风、水塘等元素来表现；当然，你也可以添置其他的附加物来降低图中的降雨量，如通过添画，把图中的雨滴变成其他图案。

......

畅心议

画中的降雨量是变大了还是变小了？为什么发生了这样的改变？你给原来的画面增添了哪些元素？请具体说说含义。

如果现在的他（她）依然一个人孤零零地在雨中，但能感觉到雨势慢慢变小了，你觉得可能发生了什么？

......

静心绘

接着，我们来帮助雨中的他（她）更好地应对这样的环境。你可以通过绘画调整他（她）自身的状态，如表情、姿势，也可以为他（她）添置各种资源，如雨具、遮挡物等。请注意，现在的表情可以直接绘制在主图上。

......

畅心议

你画的是什么？请你说说理由？

你为他（她）做了哪些改变？如果现在的他（她）有了新的身体姿态，你觉得会是什么？

这些附加物的作用是什么？

当我们面对压力的时候，生活中有没有这样的资源？

......

慧心思

让我们再次比较刚才的那个他（她），你有什么新的发现吗？请同学们进行头脑风暴，谈一谈在学习和生活中如何积极应对这些事件带来的压力。请你结合一些具体情景来谈，比如考试前夕与朋友发生了冲突等。

总结：今天我们共同绘制了"雨中人"，他（她）也许是生活中的你和我，正如自然界雨水会时常不经意间的造访一样，学习生活中的压力也会时常出现。我们对压力的认知和感受直接决定着它对我们的影响。正如雨中的小水塘可以给我们增添生活的乐趣一样，我们可以正视压力，积极赋能，发现和利用生活中更多的资源，去应对生命中的雨。

教学反思

我们大家都熟知，"雨中人"绘画治疗是在压力管理领域应用很广的一种主题形式。这节课的设计本意是在已有的基础上，让学生再绘雨中人。对于初中生来说，既有的元素设定有更好的引导作用；同时画面中的人物也能够引起学生的感同身受。这节课经历了两次关于雨势的绘制，教师并没有限制雨到底是该大还是该小，这样在直观上既有助于教师观察和了解学生的压力现状，也能够让学生自己去感受自己的心态变化。最后结合当下学校心理辅导应用较多的短焦中的优势资源视角，帮助学生发现自己的一些优势和资源以应对压力。这些策略在一定程度上很好地达成了教学目标。

作品与解读

作者：丁馨悦

我感觉我的压力不止来源于学习，还有朋友之间的不愉快。压力的天空很复杂，有闪电，有雷雨，而处在压力中的我，既渺小又无奈，只能在原地发呆，同时也在静静思考应怎样面对这些压力源。我想到了我的朋友，她给我的鼓励就像雨中的庇护伞，让我感到十分温暖。

作者：王静涵

我想到了小学临近毕业时的那段日子。画面上乌云密布、风雨交加、电闪雷鸣，这一切都是因为过大的学习压力造成的，这让我很伤心。但是后来我发现了一款温暖的游戏，游戏里的朋友和角色给了我很大安慰。最后当我拿到毕业照的那一刻，天气由阴转晴。

人际交往篇

"绘"润心理课

花说朋友

教学目标： 通过感受好人缘特质，提升自己的人际交往能力。

课　　时： 1课时

教学准备： 学习单、彩色笔

教学过程：

暖心导

我们每个人都有自己的朋友，或许是班级的同学，或许是小时候的玩伴。想一想，你和朋友的交往中有哪些趣事呢？你的朋友有什么特点？你为什么喜欢和他（她）做朋友呢？

静心绘

花瓣说：这是一朵友谊之花。请同学们想一想，你喜欢的朋友有什么样的特质。如果每片花瓣代表一个特质，请你用颜色、简单图形或者符号表示你对这种特质的理解，并在每一片花瓣旁边的横线上写下这种特质的名称。

……

畅心议

这朵花瓣表示的特质为什么这样画？符号和颜色代表了什么？在画的过程中你想到了什么？你最先画的是哪片花瓣？

大家也可以将花瓣与同学分享，看看同学画的花瓣特质和你的有没有相似之处，有没有同学和你的特质完全没有重复，听听他们的想法。

老师也搜集到了一些好人缘特质，看看老师列举出的一些品质（如善良、谦虚、幽默等），你觉得自己已经具备哪些品质？哪些品质还有待培养？

......

静心绘

花蕊说：当你回忆起与朋友在一起的点点滴滴时，你是带着什么样的心情呢？请将你的表情或心情画在中间的圆形花蕊处。

......

畅心议

心情画藏着怎样的故事呢？请分享一下你和朋友的故事。

......

慧心思

我们与朋友的相处有甜也有咸，感受着快乐，也交织着困惑。请同学们想一想，在与朋友相处中，是哪些美好的特质让我们感受着来自友谊的温暖与快乐？而当我们感到不悦与不解时，又会忽略了哪些特质？

总结：友谊之花是需要我们与朋友共同用心栽培的，请大家珍惜与朋友的这段缘分，试着发现朋友的闪光点，真诚待人并提升自己，在互助中成长，让好人缘特质助力友谊之花常开。

教学反思

本节课通过了解受欢迎同学的人格特质，帮助学生总结和感受人际交往中优良的品质，在学习、生活、人际交往方面健康发展，在活动中开发自己的潜能，培养自己的优秀品质。表达性绘画在这节课中为学生搭建起联想的桥梁，点亮了思考的火花。绘画时以一些符号、元素来象征一个个友情故事，引发学生对情景的回忆和再现。通过回忆与朋友间发生的美好故事，去总结在与人交往的过程中，要注意哪些事，要去做哪些事，并将其深化为人际交往的原则。

在"慧心思"环节，我提出问题：当自己有不足或当对方让你感到不舒服时，你会如何选择、如何做，由此引出对人际交往的实际运用，包括如何成为一个拥有好人缘的人，如何学会与他人友好相处等。这给学生留下了思考空间，也为下节课做了铺垫。

总之，本节课紧扣"好人缘特质"，充分尊重学生的主体性，以感作画，由画引感，加深了学生对友谊的感受。

作品与解读

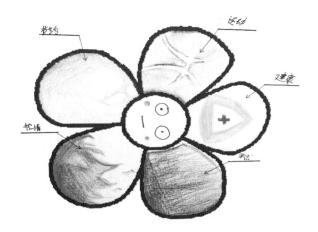

作者：谢翔宇

我和我的好朋友是在篮球场认识的，我们都非常喜欢打篮球。我第一眼见到他时，他就在球场驰骋，像一簇火焰。后来他热情地把篮球抛给了站在场边的我，就这样我们一放学就相约篮球场，成了彼此最好的朋友。我非常喜欢他像火焰一样的热情和源源不断的运动力，所以我的花瓣中这两片尤为重要。

作者：俞诗怡

我在和我的好朋友相处时，眼睛里是有光的，因为我非常喜欢她。但是我有时候又会很害羞，因为她真的太优秀了。我觉得花蕊中间的表情是非常喜欢的目光，但又有点害羞的两团红晕。我们有共同的兴趣爱好，并且她多才多艺、学习好、品德高尚，能够交到这样的好朋友我真的很幸福。

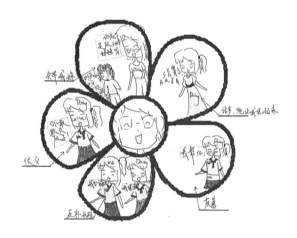

作者：顾子然

我知道我是一个比较文静的人，所以我喜欢的朋友除了友善和仗义外，性格还要和我互补，比如比较活泼，能带我一起玩耍；比较外向，能言善道，让我也能滔滔不绝。如果我遇到这样的朋友，我一定会加倍珍惜。

（上海市黄兴学校　赵思迪）

树说友谊观

教学目标：了解自己的交友观，树立积极的人际价值观。

课　　时：1课时

教学准备：学习单、彩笔

教学过程：

暖心导

有人说友谊就像一棵树，从一颗种子破土发芽，慢慢长成一棵参天大树。今天我们就一起创造这样一棵树，这是属于我们的友谊之树。

静心绘

现在我们每个人眼前都有一个大大的树桩，这个树墩是我们友谊树的基石。请你想一想，从小学到初中，哪些人成了你的朋友，他们身上有些什么共同的特质？请你梳理一下这些特质，把这些特质以一圈一圈年轮的方式画在树桩上。（见右图）

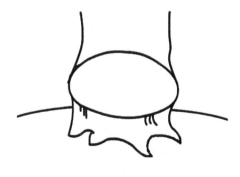

畅心议

你画了多少个年轮？它们分别代表着什么？
你觉得这个特质对友谊树的生长有什么作用？

这棵树如果缺少了这圈年轮，对其有什么影响？

静心绘

接下来，我们要继续缔造我们的友谊树，有了厚厚的树桩，我们的友谊之树才会茁壮成长。请大家想象一下，这是一棵怎样的树，它有着什么样的树冠？请你把它画下来。

……

画好了以后，请你端详一下这棵树，它和你心目中的样子一致吗？如果树上长满了友谊之果，每一颗果实都维护着我们友谊树的自然生长。你觉得这是什么样的果实，它们分别代表着什么？请你把它们画下来。

畅心议

你这棵树有哪些特别之处？请具体介绍一下。

你画了什么样的果实？果实背后是否有令你印象深刻的有关友谊的故事？

你觉得哪一颗果实是你最喜欢的，它有着怎样的味道？

这些果实对我们友谊树的生长有何助力？

你觉得通常什么时候我们的友谊树会遭受风雨？此时，你的树上有没有这样的果实，可以让我们的友谊树迎风伫立？如果有，它是什么？如果没有，可以增加一些什么？

……

慧心思

大家发现没有，我们的友谊树因为这些果实变得更加茂盛。有的果实叫信任，有的果实叫尊重，有的果实叫倾听，有的果实叫雪中送炭……这些果实共同构建起我们的交友准则，凝结成对我们的善意提醒，汇聚起我们的交友行动。它们的味道有甜也有酸，它们只有在友谊树上时才能常保新鲜。我们的友谊之树也正因为有了它们，才变得更加充盈。

下面，请你们再次端详一下自己的这棵树，它可能已经是我们现实生活中的状态，也可能是我们期许的样子，我们还可以不断地完善它、丰富它。如果说友谊树需要阳光雨露的呵护，你觉得滋养友谊之树的阳光雨露可能是什么？

在生活中分别代表着什么？你的这棵树还需要什么样的滋养使其能更好地生长？

……

总结：今天我们用手中的画笔，创造了每个人的友谊之树，希望我们将这些能让友谊保鲜的果实铭记心中，去建构和呵护生活中的友谊之树。

教学反思

本课是"花说朋友"的同课异构课。"花说朋友"聚焦于交友对象的人格特质，本课在此基础上更深入探讨了交友原则。从友谊树的比喻入手，让学生感受到友谊的培养和树的生长一样，需要基石，需要呵护。在"自我探索"篇中我运用过树的象征，为了避免学生在概念上混淆，分别在不同的班级授课。课堂中也多次通过提问，让学生和自己生活中的故事相连接，使之更能解决实际问题。诸如有孩子画了啄木鸟吃蛀虫的画面，当被问及蛀虫在生活中可能是什么时，孩子很快回应道："是朋友在某件事情上未经了解的判断冤枉了自己。"本课通过树轮、果实、阳光雨露的比喻，让学生们进一步明晰了自己的交友价值观。通过体验果实的味道，让学生了解不同的交友原则带给自己的影响。同时，通过树的生长，让学生了解友谊的动态生成过程。正如一个学生所说："友谊之叶可能会凋落，但同样会不断生长。"

有意思的是，在课堂中感受到孩子的交友价值观都很正向，是因为大树桩给孩子们的积极暗示，还是因为孩子用文字表达的约束？这有待进一步探究。

作品与解读

作者：叶九言

我给这棵树挂上了很多彩灯，这是生活中很多的小乐趣。

作者：刘欢

我觉得朋友一定要志同道合，两个人所看到的世界是要一样的。最好的朋友应该是在困难时伸出援手去帮助对方，而不是锦上添花。在这棵树上我画了一只啄木鸟，它会经常将影响友谊的蛀虫吃掉。

作者：苏米

我的这棵树是双手托举的水晶球，球上面的三个小人是我和我的朋友们。树上的果实是像灯笼一样的形状，树旁边的小鸟是生活中的趣事，我们一起参与好玩的事情，彼此更加了解。

师生多棱镜

教学目标： 感受师生情，尝试理解和接纳老师；通过具体行动创造和谐的师生关系。

教学准备： 学习单、彩色笔

教学过程：

暖心导

同学们有没有看见过多棱镜？如果把自己置身于多棱镜前，能够看到好多个镜中的自己。当我们把多棱镜放在老师面前时，你又会看到老师的哪些面呢？下面我们就一起走近师生多棱镜。

静心绘

请同学们先在第一格中画上"他（她）的表情"？想一想老师常有的表情，可以是一个，也可以是多个，请你用有代表性的颜色画在第一格中。

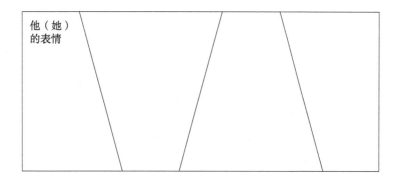

他（她）的表情

……

畅心议

这是一种怎样的表情？

哪些表情是你喜欢的？哪些是你无法接受甚至讨厌的？

你希望自己经常拥有这样的表情吗？

你希望老师经常出现这样的表情吗？

你觉得老师什么情况下会出现这样的表情？

请分别说一说，一般情况下老师出现该表情时可能在想些什么。

生气时的他（她）：＿＿＿＿＿＿＿＿＿＿＿＿＿＿＿＿＿＿

开心时的他（她）：＿＿＿＿＿＿＿＿＿＿＿＿＿＿＿＿＿＿

担心时的他（她）：＿＿＿＿＿＿＿＿＿＿＿＿＿＿＿＿＿＿

无奈时的他（她）：＿＿＿＿＿＿＿＿＿＿＿＿＿＿＿＿＿＿

……

静心绘

请同学们在第二格中画一画"我眼中的他（她）"在干什么。这是令我印象深刻的一个画面。不用呈现具体的画面，可以用一些符号或物件来表示。

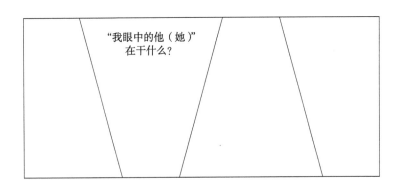

畅心议

能具体说一说这是什么吗？

为什么会联想到这个画面？有没有特别的故事？

看到这么多的他（她），如果让你对他（她）说一句话，你会说什么？

......

静心绘

这面镜子的神奇之处就是可以看到师生交往时的温暖时刻。你看到了吗？

下面请你勾勒下这样一个画面，画面中是师生在一起的温馨一刻，可以是现实生活中的剪影，也可以是你希望的场景。它可能出现在哪儿？画面中的人们在干什么？你可以用简单的画面来表示，也可以用色彩来表示。

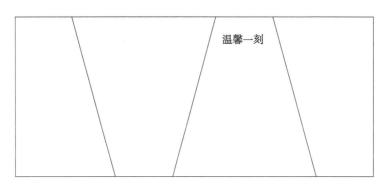

温馨一刻

......

畅心议

画面中的温馨体现在哪里？生活中有没有这样的时刻？

如果这面镜子出现了一道裂缝，你觉得可能的原因是什么？

......

静心绘

我们都希望师生间多一些温馨时刻。要修复这道裂痕，我们可以做一些什么呢？如果多棱镜最后的一个镜面还是照到了我们自己，现在从我们的角度出发，看一看哪些小小行动能为师生的和谐交往助力。也许是一份心情的变化，也可以是一个举动。大家可以用简单的笔触来描绘，也可以用文字来表示。

......

畅心议

请具体说说多棱镜中的你吧！

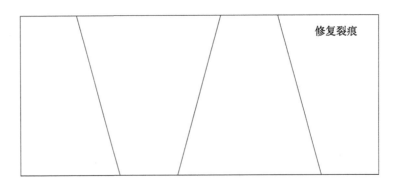

修复裂痕

在师生交往中，你有一些什么样的新视角为师生和谐交往助力呢？

如果现在让你再对他（她）说一句话，你会说什么？

……

慧心思

最后，请同学们结合实际生活想一想，当老师不小心误会了你或者语气让你感到不舒服时，你认为恰当的做法是什么？

……

总结：师生多棱镜照见了老师，也照见了自己，更照见了大家在一起的欢乐时光，让我们对老师多一分理解，多一些表达，使这面镜子折射出更多的温暖与希望。

教学反思

镜子的折射功能能够让我们看到反射画面中的自己，容易被忽视的点点滴滴。镜子是比较脆弱的一种东西，也反映出人与人之间的关系是需要经营的。以多棱镜为载体，区别于普通的四格形式，非常契合初中生喜欢新奇有趣事物的特点，能够引起学生的兴趣。当学生回忆起与老师相处的一幕幕时，有笑有泪，有关心也有误会，其实都是一种关系的推进。最后当镜子不小心有破损时，会是什么原因呢？又该如何修复呢？这些问题在情感递进中又进一步引发学生的思考，使他们想到与老师相处时可以采取的一些具体措施，学会与老师沟通的恰当方式。其实，不只是教师，在学生今后面对其他社会关系时，这节课同样也给到他们一定的启示。

作品与解读

作者：张蓓

其实我认为镜子中如果出现了裂缝，并不是不可调和的矛盾。我更愿意用"情感黏合剂"来修复这道裂缝。老师的批评有时候可能是因为一些误会，但是都是出于关心学生成长的初心。我们可以主动和老师聊聊好玩的事，给老师折一颗爱心作礼物。

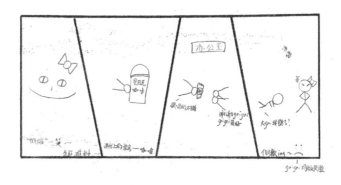

作者：孙菁妍

有时候老师尴尬而又不失礼貌的微笑真的让人搞不清到底是真的开心还是暴风雨要来临。老师经常手拿一杯咖啡，说明老师工作很辛苦，需要咖啡来提神。我的老师也总会抓住我的优点夸奖我、鼓励我，真的给了我很多自信。我知道，老师不管是严厉还是温柔，都是出于对学生的爱。

家庭金鱼缸

教学目标：了解家庭成员间的亲子关系、交往模式，觉察自己在亲子交往中所处的状态，并基于现状寻找构建和谐的亲子关系可以做的具体行动。

课　时：1课时

教学准备：彩笔、学习单

教学过程：

暖心导

说到亲子交往，同学们会和哪些词联系到一起？如果用一个词来形容自己在亲子交往中的感受，你会用哪一个词？

……

接下来，我们要化身为指尖的魔术师，把我们的家庭成员都装进鱼缸里。老师先帮大家把鱼缸变出来。

静心绘

现在，我们每一个人都有一个空置的金鱼缸。（见下图）

这个鱼缸有一个特别的名字，叫"家庭金鱼缸"。我们将在这个鱼缸中绘制主要的家庭成员（父母、我），可以是生活在淡水中的鱼类，也可以是生活在海洋里的鱼类。如果你实在无法用鱼类来表示，可以用水生动物替代。在画之前，大家可以先想一想你想画的那个"它"颜色、大小、形状如何，然后再开始动笔。

畅心议

请观察一下你的"家庭金鱼缸"，你有什么发现？

在刚才的绘画过程中，你最先画的是谁？

你的家庭金鱼缸中分别有谁？能否介绍一下他们？

为什么以此来代表他（她）？他（她）有什么特点？

请你关注一下家庭成员所处的位置、在鱼缸中所占的大小，在现实生活中经常是这样的吗？

请你观察一下鱼缸中的生物，它们所处的方向是否一致？分别又代表着什么？

这是一个神奇的鱼缸，现在鱼缸里的角色互换了，现在的你变成了他（她），请你想一想：你为什么要保持这样的姿态？能否说一说你的理由。

……

静心绘

你是否满意鱼缸现在的样子？如果现在让你在鱼缸中添加一些东西，使鱼缸看上去更和谐、更温馨，那会是什么？

……

畅心议

这个鱼缸有一些怎样的改变？

你添加了什么？你觉得在现实生活中，它们可能代表着什么？

……

慧心思

现在请你再观察一下你的家庭金鱼缸，如果让你对其中的某一条鱼说一些话，你会选择哪一条鱼？你会说些什么？现在的这个家庭金鱼缸是你理想中的那个鱼缸吗？如果不是，但你还有机会改变它，你最想改变的是什么？

再次端详一下鱼缸中的你，站在你的角度，你可以做些什么来改善一下鱼缸的环境？

总结：今天我们都是魔术师，把家庭中的场景搬进了鱼缸里。为了优化鱼缸的环境，我们都积极地出谋划策。我们自己对待家庭成员的姿态是什么样的？在生活中有没有多创造一些沟通的泡泡？我们有没有发现在家庭中那些易被忽略的美好？老师希望大家都能成为生活中创造和谐家庭氛围的魔术师，用我们的小小法力和智慧去营造属于我们的家庭金鱼缸。

作品与解读

作者：田蕊

在我眼中，妈妈是鲨鱼，她是很可爱的。爸爸是水母，在家中随意游走。我是小丑鱼。

作者：蒋怡雯

河豚鱼是妈妈，有可爱的时候，也有发怒的时候；爸爸是胖头鱼；热带鱼夫妻是外公外婆；我是美人鱼。我们家里充满着关爱。我增加了许多的泡泡和绿色的水草，寓意是多一些沟通，让家更温馨。

亲情能量圈

教学目标： 觉察和了解自己和亲人间的人际互动，加强构建和谐亲子关系的意识。

课　　时： 1课时

教学准备： 表情包贴纸、能量圈白纸、彩笔

教学过程：

暖心导

进入青春期后，大家有没有发现和亲人之间的互动发生着变化？这样的变化带给你怎样的体验？今天我们通过绘制亲情能量圈，来探索一下我们和家人的互动。

静心绘

请同学们先选择一张表情贴纸代表你自己，并把它贴在亲情能量圈的中心位置。

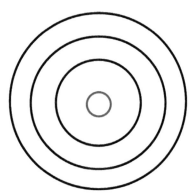

为什么选择这样的标识代表你自己？请说一说理由。

……

然后，请各位静下心来想一想，在我的周围分别有哪些亲人（主要的家庭成员）。在我的生活中，他们分别带给我怎样的影响？如果也用表情包代表他（她）的样子，你会选择怎样的表情？假如在现有的贴纸中找不到，你也可以用简单的标识画出来。他们的位置取决于你感觉到的那个他（她）和你关系的远近。同

时，可以根据你和他（她）关系的亲密程度用黑色水笔进行连线。

------ 空格线表示关系冷漠

—— 横线表示关系一般

═══ 平行双线表示关系亲密

〜〜 波浪线表示有风暴或关系冲突

≈≈≈ 双波浪线表示关系亲密但有冲突

……

畅心议

请你介绍一下亲情能量圈中的角色，他们分别是谁？

在这个画面中，有没有令你感动的部分？

他（她）的表情在现实生活中，可能代表着一个怎样的时刻？

请你想一想他（她）和你互动时，经常说的一句话，这句话通常会给你带来什么样的感觉？你猜这句话背后可能是他们怎样的期待？

你和他（她）之间有没有令你印象深刻的故事？

请用三个描述性的词来形容他（她）。在这些词中，你最认同哪一个？

请你用一些形容词来描述一下自己。你觉得自己继承了家人的哪些特质？

在遇到困难的时候，你首先会想到亲情能量圈中的谁？为什么？

在你感到沮丧的时候，你通常会去寻求哪些亲人的帮助？

……

静心绘

这是属于你的亲情能量圈，它像一张小地图，呈现着家人在你心目中的位置。你对目前的状态满意吗？如果满意，你觉得还可能添加一些什么元素继续为这个能量圈增加亲情的力量？比如一个茶杯、一束小花、一份礼物等。如果不满意，你希望出现什么样的改变？你可以将这种改变用其他颜色的彩笔画在原来的位置上。当然，你也可以添加其他的附属物来实现这种改变。

……

畅心议

这个部分比较特别，能具体介绍一下吗？

在刚才的这个环节中，你最想改变的是什么？

为了实现这样的改变，处于中心的你可以做些什么？

……

慧心思

现在，如果为你的亲情能量圈赋予色彩，那会是什么？这些色彩有什么具体的含义？

……

总结：我们的亲情能量圈，无论是什么颜色、什么状态，它就在我们周围，是守护我们成长的一部分。如果你仔细去寻找、慢慢去发现，也总能找到令人感动的部分。我们在姿态上的、言语上的、视角上的小小变化，同样可以为亲情能量圈赋能，让我们共同创造这个富有力量的能量圈吧！

作品与解读

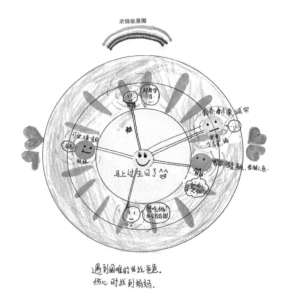

作者：李梓涵

每次遇到困难我会找爸爸，因为爸爸的沉稳可以让我冷静；而伤心难过时我会找妈妈，因为妈妈的宽容温柔像阳光给我温暖。在爸爸妈妈的关爱下，我的心中一直有一道幸福的彩虹。

亲情能量圈

遇到困难时，我会想到制造困难的人，我会找爸爸、妈妈、朋友的帮助

快乐、阳光的我
生活中有很多会让我开心的事

作者：林好

爸爸在我眼中是个认真勤劳的人，他做饭时的样子很帅气。妈妈非常关心我、包容我，经常问我"宝贝，想吃啥"。在爸爸妈妈的关爱下，我成为一个阳光快乐的小孩，我的亲情能量圈里充满了温暖的阳光和温馨的爱心。

亲情能量圈

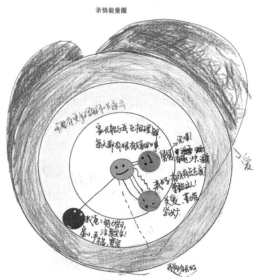

我在坦坦涂涂中，会感觉很放松，寻求同学的帮助以及人民警察的帮助，我找亲人和外婆的帮助也会寻求律师的帮助。

作者：左健宁

爸爸妈妈对我的爱都要溢出来了，所以我用红色的大爱心包在能量圈的周围。我用蓝色涂满了空白的圈，其实是希望能够与父母有更多的交流，多一些能够传递爱的家庭活动。同时，我用黄色代表光热，寓意是希望我们的小家可以一直晴空万里，积极向上。

时光照相机

教学目标：感受亲情带来的幸福与温暖，学会关心家人，珍惜亲人无
私的爱。

课　　时：2课时

教学准备：胶片模板、黑水笔、彩色笔

教学过程：

暖心导

同学们，大家有没有看过电影《你好，李焕英》。电影里主人公在
经历"子欲孝而亲不待"的丧母之痛后，穿越到过去，见到了年轻时的
母亲。今天，老师也为大家带来了一架神奇的亲情照相机，它每拍一次
照就可以穿越到你想去的时空。

静心绘

咔嚓，照相机响了第一下。请同学们闭上眼睛，进入时光穿梭隧道
重返旧时光。(教师播放音乐)

请同学们回忆与亲人相处的时光，也许是一次团圆的年夜饭，也
许是一次你生病时父母焦急的场景，或是爷爷奶奶见到你受欺负时挡
在你的前面……这一幕幕的回忆也许让你刻骨铭心，也许让你潸然泪
下，也许当你回忆起那些温暖幸福的时光时，嘴角还会不由自主地露出
微笑……

现在，请同学们睁开眼睛，在胶片一中将刚才所想到的你经历过的
最感动或幸福的一幕画出来。可以描述一个事件、描绘一个场景、刻画
某些人物，也可以画出有象征性的物品。

......

畅心议

请你和大家分享一下，第一个胶片背后的故事。

......

静心绘

听了同学们的感人故事，老师也仿佛跟着你们一起回到了旧时光。原来同学们与家人之间有这么多温情的点滴，亲情带给我们力量、幸福与感动。现在，照相机响了第二下，咔嚓，我们穿越到了未来。（教师出示动画：父母变老）

这个时候，与我们朝夕相处的家人可能已经是白发苍苍的老人了。当他，（她）对你说"我要离开了！"此时此刻，你的心中会不会有一些遗憾呢？请同学们用彩色笔在胶片二中将这种遗憾描绘出来。可能是还未完成的一件事，可能是还未说出口的一句话，还可能是……

......

畅心议

如果穿越到未来，你们的遗憾可能是什么？

随着年龄的不断增长，能力也不断提升了，为什么还是会出现这些遗憾呢？

......

我们始终保持与家人的情感联系，却不能永远与家人共住，一起生活一辈子。有很多时候，当你意识到这份情感的无私与伟大时，时光已在日复一日的忙碌中悄悄溜走。

静心绘

咔嚓，现在相机响了第三下，又把我们带回了现实中。你觉得可以以怎样的方式弥补胶片二中这样的遗憾呢？你可以用一些符号、图案、颜色来表示心中的想法。比如把那件妈妈舍不得买的裙子买回来送给她，放下手机陪奶奶多聊几句……创作完后，请你为胶片三取个名字吧。

畅心议

请分享胶片三画面中的故事。

胶片一：重返旧时光　　　　胶片二：当他（她）老了　　　胶片三：＿＿＿＿＿＿

胶片一：重返旧时光　　　　胶片二：当他（她）老了　　　胶片三：＿＿＿＿＿＿

慧心思

同学们，现在如果可以对胶片中的那个TA说一句话，你会说些什么？同时，请你想一想，你还可以做些什么？

总结：即使我们感受到的浓浓的幸福已经成为过去，每次在脑海中浮现，还是会觉得有不尽的感动与温暖。就像胶片一中黑白色彩的画面，我们仍然觉得这张黑白照片承载着当时的缤纷生活。而当我们的多彩未来中会失去一份亲情，即使我们对未来充满向往，也不免有些遗憾。遗憾不可避免，但别让等待成为遗憾，别让余生充满遗憾。

教学反思

本节课首先通过穿越到过去、回想记忆中与家人在一起幸福温暖的场景，打开学生的心扉，使其流露出内心的感情。接着穿越到未来，当和最亲爱的家人相处的时日所剩无几之时，有的学生回忆起以前的场景流下了眼泪；此时，再把镜头拉回当下，聚焦于学生的现实生活，鼓励学生将内心涌动的复杂感情化为实际行动。有名学生在课堂中流着泪说道："老师，我现在真的很无能为力，我所学的知识，并不能帮奶奶医好病。"看着他难受的样子，我一时语塞。班级的同学纷纷说道："别难过，其实你能多陪陪奶奶就是最好的方式了""奶奶肯定也希望你开开心心的""所以我们现在好好学习吧，不说为了将来当一名医生，至少奶奶看到我们成绩进步也一定会很开心的"……大家你一言我一语，课堂氛围感人又温暖。这位同学后来经常和我分享他与奶奶的故事，学习态度也越来越积极。最后，我决定先把学生们的作品拍照保存，再归还原件，他们可以把这张承载着亲情的作品送给画面上的那个他（她）。

作品与解读

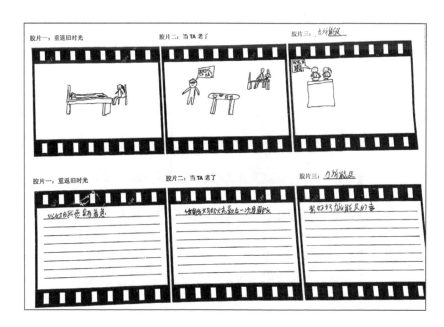

作者：卢子恒

我觉得我还是想帮助父母做一些力所能及的事。我还没想好有什么远大的志向，但通过这节课，我想把孝敬父母的心意融入生活的点点滴滴。长大以后，我要经常回家给爸爸妈妈做团圆饭。

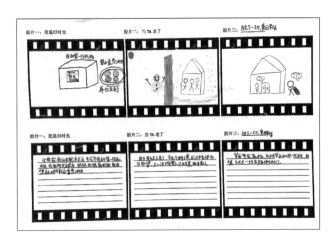

作者：戴诗雨

我特别想我的爷爷奶奶和外公外婆。现在由于分隔太远，只能通过视频聊聊天。我们上一次见面已经是两年前了。我现在努力学习的动力就来自他们。等我考上高中，我要放下一切回到他们身边，多陪陪他们。

作者：陈娇

记忆里最开心的时候是和爸爸一起呵护小乌龟成长。其实，爸爸妈妈一直都在呵护着我的成长。今天回家后，我要给他们一个大大的拥抱。等爸爸妈妈老了，我就推着轮椅带他们去看世界的美景。希望爸爸妈妈永远健康快乐。

（上海市黄兴学校　赵思迪）

特别的赠饮

教学目标：学会感受他人的支持，培养学生的感恩意识，使其能够用
自己的方式感恩身边的人。

课　　时：1课时

教学准备：A4纸素材图、彩色笔

教学过程：

暖心导

每到秋天，天气转凉，朋友圈里会有许多人晒自己喝到了秋天的第
一杯奶茶。送奶茶是一个小小的举动，但是送你奶茶的人却是在天气转
凉之时温暖你、关心你、在乎你的人。今天，也让我们为关心和在乎的
人送上特别的赠饮。

静心绘

首先，请同学们跟随音乐回忆一下自己身边的人，他（她）是否为
你做过一件温暖的小事？确定好你想赠予的对象，可以是一个人，也可
以是多个人。请将名字写在对应的杯子素材图下方。

接下来，请同学们在杯子的素材图中用不同的颜色进行填涂。这是
一杯什么样的饮料？既可以是现实中的，也可以是自己想象创造的。比
如，是一杯奶茶？还是一杯超能力水？

然后，请用符号表示你会在饮料里添加什么配料。

最后，请你在旁边的朋友圈素材图中为他（她）写上一些想说
的话。

……

畅心议

你最想把这杯特别的赠饮送给谁？他（她）为你做了什么事？

这是什么品种的饮料？为什么想把这种饮料送给他（她）？

为什么要添加这些配料？

……

静心绘

听了大家的分享，你是否想起还有一些可能被我们忽视的他（她）。比如：当你听到别的同学说，同桌曾经借给自己一块橡皮，妈妈曾经为自己织过一件毛衣等，你是否也会想起有人为你做了类似的事情呢？请同学们也将他们的名字写在匹配的杯子图案下方。按照刚才的步骤，为他们绘制一杯专属的赠饮吧。

……

畅心议

当你想起自己忽视了的温暖细节时，是一种什么样的心情？

这是什么样的饮料？为什么想把这种饮料送给他（她）？

为什么要添加这些配料？

……

慧心思

正是这样的细节被在意，我们才有了更多人与人之间的和谐与温暖。这里，我们同样不要忘记自己。请同学们想想，你曾经为对方做过哪些温暖的小事？你未来想做哪些温暖的小事？请不要吝啬于感恩的表达，也为爱你的他们送上一份温暖的爱吧！

……

总结：感恩实际上是生命中的一种能量。一个懂得感恩的人，内心一定会变得越来越强大，因为感恩会带给我们充足的生命发现，也会重塑我们的资源，让我们拥抱生活的美好。当一个人懂得感恩时，便会将感恩化作一种充满爱意的行动，实践于生活中。希望同学们在今后的生活中能够感受到对方的关心和爱，也能够成为一个会关心、会爱的人。

教学反思

这节课的灵感源于网络流行语录：秋天的第一杯奶茶。起初我在试课环节，考虑将题目直接命名为"秋天的第一杯奶茶"，但是学生的思考和表现让我在赞叹之余也产生了新的思考。虽然本节课也提到这杯奶茶可以送给自己，但是在以"感恩"为主题的渲染下，大多数学生还是纷纷将这杯奶茶送给了关心自己的家人，甚至是某些可敬的社会群体。在学生作品中，许多孩子都考虑到自己想赠送给爷爷奶奶、爸爸妈妈，他们由于身体原因不能够喝含糖量很高的奶茶，所以设计出了特别的赠饮，比如有想帮助爷爷奶奶治好疾病的良药，有帮助爸爸妈妈养生的银耳汤等。即使孩子们没有按照原定思路设计奶茶，看着孩子们如此用心设计的作品，我也不由得为之欣慰，干脆把课题直接改成"特别的赠饮"。这堂课没有停留于网络热词的表面，更深刻地反映了孩子们可贵的懂得感恩的内心情感。

作品与解读

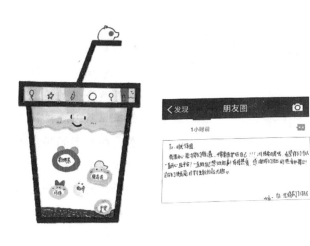

作者：沈涵珺

这杯特别的赠饮，我要送给我的偶像。因为我的偶像是一个非常努力的、充满正能量的团体。每当我学习懈怠时，看到他们努力训练，就会重新燃起对学习的兴趣。这杯特别的赠饮我加了应援物的标识，并且还有平安果，希望我的偶像能够开心平安。

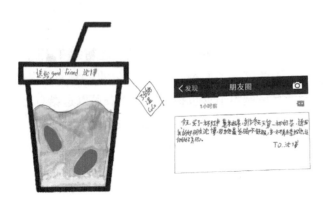

作者：翁圣惟

这杯特别的赠饮要送给我最好的朋友沈博，他常常陪伴在我身边，和我一起学习玩耍。因为他最近腿脚不舒服，所以我设计了这杯养生茶。茶里面加入了红枣、蜂蜜，有最适合的温热，三分甜，能够帮助他好好养伤，早日康复。

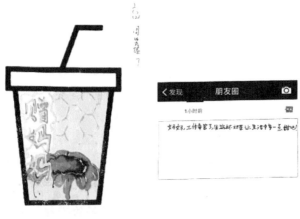

作者：周笑语

这是一杯蜂蜜布丁茶，我想送给我的妈妈。平日里妈妈非常辛苦，一边上班，一边照顾我和这个家。所以借今天的机会，我想对妈妈说声"辛苦了"。我知道妈妈年纪大了，不适合喝奶茶、碳酸饮料等，所以我设计了蜂蜜水，加入了妈妈很喜欢吃的布丁做配料，希望给妈妈繁忙的工作和生活带来一点甜。

（上海市黄兴学校　赵思迪）

爱心奇旅

教学目标：感受和体验生活中的爱，学会珍惜和感恩。

课　　时：1课时

教学准备：爱心奇旅卡牌、空白卡牌、彩笔，学生分组

教学过程：

暖心导

看到这张图片时，你脑海中会想到哪些词？

爱时而像一束纯洁而又美丽的茉莉花，平淡无奇，却又芳香宜人；时而是一句简单的叮嘱；时而是一杯香醇而又甜美的牛奶。生活中有很多爱的画面，请你回忆一下这些爱的瞬间。

……

静心绘

每位同学手中都随机拿到了一张卡牌（见下图），同时，我们每组同学手中还有一张空白卡牌。各小组成员将这些卡牌按需排序，串联起爱的故事。如果这些卡牌还不能帮助你续写爱的故事，你们可以自行在空白卡上添加有关爱的元素，将这个爱的故事进行到底。

畅心议

你增加了哪些元素来讲述爱的进行时？

这个故事给了你什么样的启发？

爱心树上落下的一颗颗爱心能够给你提供哪些支持？生活中有没有这样的时刻？

充满着爱意的、能够给你带来快乐的皮球在生活中可能是什么？

生活中什么样的话能够让你感觉温暖、给你鼓励？

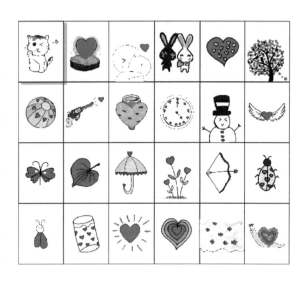

慧心思

同学们有没有发现，有爱的故事通常都很美好。爱是一种表达，也是一种感受。能够感受到爱的人，幸福感也会随之提升。感恩为幸福加分。

如果将你手中的爱心卡牌送给一个人，你会送给谁？你想对他（她）说些什么？

……

总结：今天我们一起经历了爱的旅程，聆听了许多有关爱的故事。其实如果我们用心去发现，生活中还有许多爱的画面。让我们努力去发现爱、感受爱、传递爱、创造爱，爱让生活更美好。

教学反思

汇编故事对初中学生来说是喜闻乐见的一种形式。本课使用的卡牌来自学生的创造设计，正是这些天马行空的爱心图案激发着学生去发现爱、感受爱。本课聚焦于感恩，因此让学生汇编故事时，我特别设定了亲情和友情的话题。当然，如若教学目标不同，这套卡牌同样也适合其他话题。

在讲故事环节，同学们几乎都绘制了自行设计的卡牌，使原卡牌的内容更丰富。学生们多彩的故事总能启引大家更多的思考。如卡牌中有一只爱心昆虫，学生添加了一只断腿的昆虫，并且强调这断腿也许不是身体上的，而是心灵上的。来自周围的爱心水和爱心般的暖阳让小虫重新燃起了希望，最后变成完整的自己。我顺势提问，如果我们也有像小虫一样受伤的时刻，我们身边有没有爱的暖阳呢？比如来自家人的嘘寒问暖、朋友的鼓励等。我又将这些问题继续具体化，大家你一言我一语地议论起来。还有小组融入了冬奥的吉祥物冰墩墩，当我问及这份礼物在现实生活中可能是什么时，有孩子回答"也许就是同学的一声憨憨的招呼声，让自己感觉没有被忽略"。在讨论中，学生们渐渐发现平时讨厌的来自家人的唠叨、一句看似平常的问候，细细想来也会给人以温暖。

这堂课中，我虽然预设了一些问题，但在实际操作时，孩子们讲述的诸多童话故事，也拓展着我的思维。诸如故事中的"爱心皮球""救生圈""暖意水"在现实生活中代表着什么。根据学生们的故事不断生成新的内容和视角，教师的生成性提问也引领着大家继续深入思考。在说到雪人融化的故事时，在教师的启引下，同学们都想到了父母不求回报的爱。

最后表达感谢的环节是留给学生的家庭作业。课后我在和某学生交流中得知，她想感谢弟弟，是弟弟陪伴自己度过了许多开心一刻。我有些欣喜，因为我知道弟弟原是她讨厌的家庭成员。能在不满中学会感谢，这是一种成长。

作品与解读

时钟滴答滴答地走着，小蝴蝶看着鱼缸里的鱼发愣，因为没有人陪他说话。他喝着杯中的水，多希望有人能够给他温暖和爱。此时，他收到了一份特别的礼物，打开一看是冰墩墩，小蝴蝶觉得浑身都充满暖意。他想把这份暖意传递下去，于是自己的翅膀变成了一颗爱心。

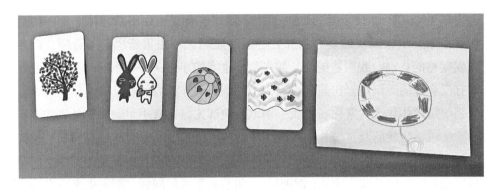

　　小黑和小白在爱心树下玩耍，此时一个皮球滚了过来。它们俩一起玩皮球，可是一不小心皮球掉进了小河中。小白去捡球，扑通掉了下去，于是小黑化为救生圈立刻把小白救了上来。

　　一只蜗牛口渴了，爬到池塘边喝水。它不停地喝，身体变得越来越大，很快它就要把池塘的水喝干了，池中的小鱼变得越来越虚弱。这时雪人看见了，它开始融化自己，将自己的身体变成池塘中的一汪清泉。于是，小鱼们又能在池中欢快地玩耍了。雪人渐渐融化，变成爱的天使，呵护着小鱼们。

情绪管理篇

"绘"润心理课

奇妙的线条

教学目标：体验各种情绪带来的不同感受，接纳自己的情绪。

课　　时：1课时

教学准备：彩笔、A4纸

教学过程：

暖心导

生活中的情绪虽没有颜色，但它既可以让人的内心绚烂多彩，又可以让人的心灵苍白灰暗；生活中的情绪虽没有重量，但它既可以让人感到飘飘然飞入云霄，又可以让人感到沉甸甸如临深渊。今天，请同学们拿起手中的画笔，一起勾勒我们心中的情绪。

静心绘

请你根据要求，用线条来表示你的各种情绪。你可以在纸上的任意地方留下这些线条。具体要求如下：

请你选择一种颜色，画一根表达高兴的线条。

请你选择一种颜色，画一根表达悲伤的线条。

请你选择一种颜色，画一根表达愤怒的线条。

请你选择一种颜色，画一根表达平静的线条。

……

请你仔细观察一下这些线条，它们都代表着你的情绪。现在请你感受一下它们，因为它们都是你的一部分。

畅心议

请说说你为什么用这个颜色来表达此种情绪，选择这个颜色有什么特别的含义？当你的生活充斥这种色彩的时候，会带来怎样的变化？

同时，请你观察一下这是一根怎样的线条，寓意着什么？它如果要和生活的具体情景相联系，可能是一个怎样的场景？

……

这些线条连接着我们生活中的喜怒哀乐。在你的生命中，它们不仅仅是简单的线条，它们组成了青春的色彩，组成了生活的多样性。现在请你让它们在画纸中变得更有意义，将它们组成一张美丽的风景画。

在风景画中，可以有山、河流、路、房子等，任由你组合和添加。现在，请跟随着你的心，不必在意画的优劣，去绘制属于你的那一道风景吧！画完以后，可以为你的作品命名。

……

慧心思

现在请你拿出你的作品，仔细端详一下，和刚才的作品相比，你看到了哪些变化？这幅作品中你最想为大家介绍的是哪一处风景？你的风景画描绘了什么季节？当时的天气怎样？在风景画中有没有人？如果有，他（她）可能是谁，他（她）正在做什么？

……

总结：每一位同学都有创造奇迹的力量，每一道线条都成为风景画必不可少的组成部分，正如生活中的各种情绪，它们带给我们不同的体验，也创造着我们丰富多彩的生活。

教学反思

在自由绘画中，实施者运用简洁的线条和从自己的想象中抽取的元素进行表达。本课用线条来描绘情绪，让学生可以在较短的时间内觉察和体验不同情绪带给自己的影响，诸如愤怒中的起伏、平静时的稳定。初中生能较快地通过颜色和线条来表达自己的各种情绪。随后，让学生通过自由组合线条，创作一幅属于自己的风景画。笔者第一次教学中没有限定风景画的内容，让学生任意组成风景画。从学生作品来看，更多的还是反映情绪的主题。如《欢天喜地心电图》《情绪联动》《情绪山水》等。因此，在后续的班级授课中，改进了风景画的内容，更明确了风景的元素。限定性的元素让学生不再拘泥于情绪这一主题，进一步拓展自己的思维，创作更丰富的图景。

当这些看似简单的线条组成了有意义的风景时，大家也不禁感叹这其中的变化。我征得小周的同意，把她的作品（见本篇最后一幅画）展示给学生们，并告知学生这幅作品的名字叫《少年》，请他们说一说自己眼中少年的样子。"我看到了日出和迎着朝阳放风筝的少年""我看到了连绵不断的群山和不断力争攀登的少年"同学们你一言我一语……"不同的视角，可以让我们看到不一样的风景。那个火红太阳即将升起，这是希望和温暖的象征。"我回应道。此时的小周也频频点头，在她心中，少年又有了新的解读。

正如每一种情绪都是画作必不可少的组成部分一样，每一种情绪也都是有意义的。本活动如若继续深入，可以让学生挖掘各种情绪的功能和意义，更好地接纳情绪。该课可运用于学生的情绪辅导，帮助学生识别和表达多种情绪，一定程度上能起到放松和调节的作用。当然，如若在课堂反馈中发现学生有消极想法，教师应在课后加以关注。

作品与解读

《风平浪静》

作者：陈昭妤

蝴蝶是心情的使者，当一种心情消失的时候，另一种心情又会飞过来。音符是由快乐的线条组成的。愤怒化成了雨滴，流进了泥土里。我们可以看到远山和湖泊，湖面上有鸟和船，最终归于平静。

《少　年》

作者：周佩怡

　　海边，一个少年坐在石墩上。他无聊地放着风筝，脸上没有一丝笑容。沙滩上空无一人，太阳下山了，面前的海洋逐渐变得恐惧。他看着这个场景，长叹一口气。原来，他因学习感到愤怒、烦恼，觉得世界上一切都是那么陌生。

与情绪对话

教学目标：

1. 感受每个人情绪世界的丰富与独特。

2. 理解情绪ABC理论，认识到不同情绪源于不同想法。

3. 尝试以积极认知代替消极认知的方式来管理情绪。

课　　时：2课时

教学准备：课堂材料纸、彩笔

活动过程：

暖心导

不同的颜色对于每个人来说有着不同的含义，也会带来不同的感受，那么这些颜色会让你与哪种情绪联系起来呢？（出示图片）

之前我们学习过四种基本情绪和识别情绪的四个线索，但现实中情绪似乎更加复杂多样，今天就让我们继续探索每个人的情绪世界，与情绪对话。

静心绘

请大家自由地描绘自己的情绪世界，为你的情绪小人赋予色彩。随着音乐，回忆曾出现过的种种情绪……

可以是此刻感受到的，也可以是曾经感受过的。

可以是稍纵即逝但却有很大影响的。

可以是难以言说但时常出现的。

这些情绪对你来说分别是什么颜色？请用色

彩创造属于你的"情绪小人"。

畅心议

（一）丰富独特的情绪世界

你能找到另一张与自己手上一样的情绪小人吗？

大家的情绪小人更多是只拥有一种颜色还是多种颜色？

每个人的情绪世界如此独特，也因为不同色彩的组合，才让我们的情绪世界如此丰富。

（二）我的情绪小人

有些颜色浓郁鲜艳，而有的清淡素净……就像不同的情绪，有时突然很强烈，有时虽只浅浅地存在着，但如影随形……

不同的颜色代表着什么情绪？为什么要用这种颜色来表达？

哪种情绪色彩对你造成过困扰？请将你愿意匿名公开的一个相关事件写在纸条中并投入"事件箱"。

回忆一下当时你是怎样看待所发生的事件的。

（三）情绪ABC

1. 游戏引入——情绪雕塑

音乐响起后，请大家连续传递"情绪小人"玩偶。

当音乐暂停时，手持"情绪小人"的同学完成一个"情绪雕塑"，用一个表情或身体动作表达此刻的心情。

其他同学一起来猜一猜他（她）的"情绪雕塑"代表的是怎样的心情。（记录学生所表达的情绪及对应的想法）

2. 理论介绍

同一个游戏，为什么会产生不同的情绪？（互动交流后，出示情绪ABC模型，教师进行讲解说明）

在刚才的情景中，模型中的A、B、C分别对应哪些信息？A对应的是游戏情境，B对应的是想法，C对应的是情绪（结合游戏情境中学生的回答分别举例）。

不同的情绪C究竟是因何产生的？（结合板书交流互动）

既然想法是情绪产生的关键，怎样运用这一点帮助自己在生活中管理情绪呢？让我们一起倾听情绪小人的"声音"。

之前大家回忆了一件点亮情绪小人身上相应色彩的事件，匿名投入"事件箱"中，现在我们随机抽取纸条，请大家根据纸条上的事件思考：

可能有哪些想法点亮了纸条主人的情绪小人身上对应的情绪色彩？

静心绘

消极想法产生时，如果有一个灰暗的麦克风在脑内出现（出示常见的消极认知），此时尝试着用神奇麦克风，可以让情绪色彩发生变化（出示积极认知示例）。

拿起神奇麦克风对自己说些什么，能够让当时的自己感到舒服一些？请在麦克风旁用文字简单表达。

新的想法会使你出现怎样的情绪色彩？请为麦克风涂上相应的颜色。

畅心议

小组讨论：

分享你想用麦克风对自己说的话。

交流彼此经历，分享能够帮助到同伴的新想法。

在麦克风旁记录对自己有帮助的新想法。

静心绘

倾听到麦克风中传递出来的新声音后，你的内心感受出现了一些变化，情绪小人的周围也因此出现了"能量波"，请用色彩和线条描绘出你的"能量波"。（完成后请学生分享收集到的积极想法和"能量波"）

慧心思

此刻面对眼前自己的情绪小人，你想对他（她）说些什么？

总结：

每一种情绪色彩都是情绪小人的一部分，使他（她）更加完整丰富。不同情绪因不同的想法而产生，因此当某些情绪色彩太过沉重时，可以试着寻找背后不断加强情绪的想法，尝试从不同的角度思考。当找到能够帮助自己的积极想法时，便会涌现新的能量。

教学反思

青春期孩子的情绪感受力增强，具有两极化、复杂化特点，但情绪管理能力尚不成熟。因此，帮助学生接纳不同情绪的出现、掌握有效的情绪管理策略十分重要。本课在认识基本情绪及情绪识别线索的基础上，通过绘画表达的方式，引导学生探索自身独特的情绪世界，思考情绪产生的原因，尝试使用认知重调的方法来管理情绪。

"情绪小人"的创作使学生将抽象的情绪世界化作更加直观具象的认识，帮助学生用色彩的方式表达自身的情绪世界。在交流分享的过程中，学生也能更清晰地感受到情绪的丰富、复杂和独特。在活动中结合同伴交流及教师引导，学生逐渐澄清情绪事件背后的消极想法，并进行替代性积极认知的思考，从而加深对情绪ABC理论的理解及认知重调方法的掌握。

作品与解读

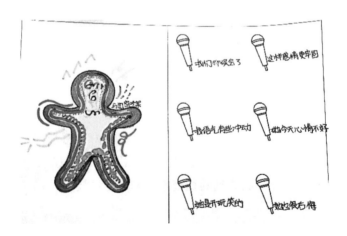

作者：胡恺妍

蓝色部分代表着我和闺蜜产生误会时感受到的心情，也有一些小题大做的想法，好在后来相互表达自己行为背后的真实想法后，消除了误会……其实，闺蜜之间并不一定要形影不离，偶尔有一些冲突也是更好地认识彼此的一个契机。

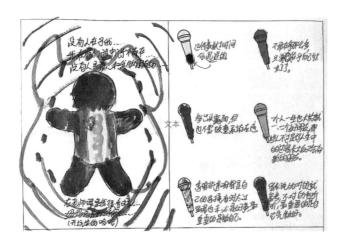

作者：陈文依

　　黑色的部分代表被忽视时的沉重感受，在心脏的位置我画了一个破碎的心形，感觉这些事把自己的心分成了两半……一开始我的小人给人的印象是"缩成一团"的，被蓝色的线包围着，但后来尝试理解他（她），便击碎了外面这层蓝色的屏障……打开心扉之后，红色和黄色的光波也就将之前的阴霾吹散到四周。

（上海杨浦双语学校　郑沁怡）

漂流瓶的旅行

教学目标：觉察孤独情绪并接纳孤独；能够以积极的心态面对孤独，
掌握合理应对孤独的方法。

课　　时：1课时

教学准备：PPT、学习单、课前收集好的答案便签、大盒子、彩色笔

教学过程：

暖心导

今天我们一起来一次特殊的旅行，主角是一只小瓶子。这只小瓶子
满怀期待地开始了自己的漂流之旅。它在大海上漂啊漂啊，一路上除了
海水似乎什么也没有。没有人陪伴，没有人说话，它觉得好孤独啊……
同学们，孤独是一种怎样的情绪呢？

静心绘

看来小瓶子肚子里充满了心事，它有时眼神空洞，有时嘴角下垂，
有时摇头叹气……请同学们想一想，小瓶子表现出这么多的表情，他在
想什么呢？请你用不同的颜色或符号来表示此时小瓶子孤独的心情，涂
在小瓶子的下半部分。

……

畅心议

请同学们说一说：为什么会选择这些颜色？这些符号又代表了什么
意义？

当你感到孤独时，你可能会产生哪些情绪？

如果没有很好地处理这一情绪，可能会有怎样的后果？

......

小瓶子漂啊漂啊，漂到了喧闹的海滩，但是它发现海鸥在天空唧唧喳喳，海龟也成群结队地回到海水里，还有一群人在海边开派对，这么热闹的海滩怎么没有自己的容身之地呢？小瓶子觉得自己像是一个被遗忘的局外人。

面对热闹的海滩，小瓶子要怎样做呢？

现在请大家想一想，在我们的生活中，什么样的情境会让你有和小瓶子类似的感觉呢？

孤独的感觉和独处有没有必然的联系？

......

静心绘

老师在上课前收集了部分同学的漂流瓶，发现同学们在生活中遇到的难题也是小瓶子在旅途中遇到的难题。面对小瓶子的求助，我们可以做些什么呢？现在请你为小瓶子的上半部分涂上颜色，换上新衣，同样可以用一些符号来表示来自外界或内心的资源与支持，让小瓶子在接下来的旅行中不再孤独。

......

畅心议

请同学们分享一下自己所画的颜色和符号代表着什么。

听了大家的主意，小瓶子有了新的想法，请同学们分组讨论后在表格中梳理出小瓶子的想法。

小瓶子现在的想法

交往技巧	肯定价值	寻求支持
……	……	……

慧心思

在同学们的帮助下，小瓶子看着自己从空虚单调变得丰富多彩，向同学们表达感谢："谢谢你们，让我感受到其实我不是一个人。"有时，换个角度想一想，独处会给我们带来哪些意外的收获呢？

……

总结：其实成长的过程就像小瓶子的旅行，几乎每个人都会和孤独不期而遇。就像小瓶子代表孤独情绪的颜色成了独特新衣不可或缺的一部分，孤独也是我们丰富多彩生活中不可或缺的一部分。在同学们的帮助下，小瓶子穿着蕴藏爱与温暖的新衣，不再害怕孤独。一路上它看到了海上日出、彩虹和帆船，还有水中的鱼儿和贝壳做伴……带着希望与幸福，重新踏上了旅途。

教学反思

孤独对于步入青春期的中学生来说是一种常见的情绪，所以针对孤独情绪的辅导，不仅要帮助学生觉察与接纳，更要引导学生找到面对孤独情绪的具体措施，以及学会享受独处。本节课以小瓶子的漂流之旅为故事主线，帮助学生区别孤独与独处是不一样的概念，孤独更多的是自己内心的主观体验，所以主要还是要靠自己合理的认知和强大的内心来面对孤独。小瓶子后来学会了和大自然相处，能够去发现周围有趣的事物，其实也是从积极视角引导学生关注生活中容易被忽视的美好细节，让独处成为一种享受。

作品与解读

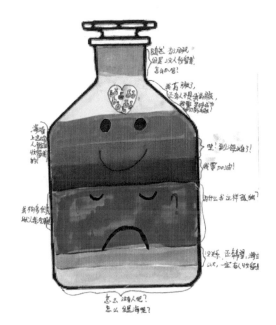

作者：王梓欣

　　如果我是一只小瓶子，当我看到沙滩上有一群人的时候，我会很激动。刚开始我可能无法融入他们，但我会想办法主动走近他们，我愿意迈出第一步，与他们成为好朋友。在与新朋友相处的过程中，我用浅紫色表示一丝丝的不确定性，但不会影响到我的心态。因为比起茫茫大海，拥有周围人的欢声笑语我已经很幸福了，所以我画了一个大大的笑脸。

作者：王梦瑶

　　小瓶子起初感到孤独的时候，一定是生气的，也是伤心的，但是它没有完全放弃漂流下去的希望，这也让它有一丝丝的开心。小瓶子也会觉得"即使这一路有许多磕磕碰碰，但是我还有太阳做伴啊，我并不孤独"，所以我用橙色包裹着小瓶子，画在了上半部分，太阳暖暖的光带给了小瓶子许多希望和安全感。

作者：万晨睿

　　小瓶子孤独地漂流着，它觉得心都碎了，甚至原本蔚蓝的大海都不再是蓝色，而被心中的那朵乌云染成了黑色。正当小瓶子打算浑浑噩噩地随处漂流时，一只小鱼看到了它，并主动提出和它做朋友。小瓶子感受到了小鱼的温暖，瞬间海洋的黑色褪去，橙色的阳光洒满海面。我也像小瓶子一样，遇到了一条"小鱼"，他就是最懂我的那个好朋友。

作者：鲍一凡

　　我觉得孤独并不可怕，每个人都会有感到孤独的时候，关键是看我们如果面对孤独。首先我们自己的心态要积极，我们可以养一株植物，放松一下心情。我们还拥有许多外界的支持，比如温暖的家、父母的爱和朋友的关心。虽然不免会有独处的时候，但想想自己所拥有的，就会觉得一个人并不等于孤独，也并不感到孤独。

（上海市黄兴学校　赵思迪）

青蛙的幸福之旅

教学目标：了解幸福是一种主观感受，知晓影响幸福的相关因素；从积极的角度看待生活中的事物，学会发现和创造快乐。

课　　时：1课时

教学准备：青蛙卡片、彩笔、青蛙母版空白卡

　　卡牌说明：青蛙卡牌是学生设计和创作的，共30张。课中，每位学生随机领取一张卡牌，就卡牌的内容进行故事讲述。

教学过程

暖心导

今天，我们的主角是一只青蛙。在青蛙的世界里，它没有靓丽的外表，也没有骄人的成绩，它认为自己的生活并不幸福，所以它打算去寻找幸福。

畅心议

讨论：什么是幸福？如果让你定义一下幸福，你觉得幸福是什么？

幸福是一种主观体验，是一种因为满足而产生的喜悦。

下面，我们和小青蛙一起，开启一段寻找幸福之旅吧。

每个同学都拿到了一张青蛙的卡牌，这段旅程呈现在卡牌上，请你观察一下这张卡牌上的图景。

刚刚踏上旅途，小青蛙就有些想打退堂鼓了，它看了看周围，觉得这不就是一朵花、一棵树、一片叶吗？

请同学们给这张图施个魔法，让我们的主角变成一只幸福的青蛙。既然是一只幸福的青蛙，青蛙眼里的幸福图景是什么样的？是什么让它感受到幸福？请你用几句话描述一下幸福的图景。

幸福感和哪些因素有关？

从个人因素考量，包括和谐关系、积极视角、掌控感、自主性、目标感、自我接纳等。

青蛙在大家的帮助下，发现原来寻找幸福并不是一件困难的事。幸福就在自己的体验中，当自己投入热情做某件事，并感受到努力就会有意义的时候，幸福感便油然而生。青蛙的世界中同样会遇到一些挑战和阻碍。如下图所示：

当幸福遭遇挑战时

请大家想一想，这些风雨代表着什么？（想象一下青蛙和我们一样，也要面对各种考试，也要经历青春期的种种困惑。）

在经历风雨后，我们的主角青蛙会怎样再次寻找幸福呢？

静心绘

续故事《青蛙的幸福之旅》

要求：以小组为单位，作为编剧帮助青蛙再次寻找幸福。故事的开头是这样的——青蛙的生活遭遇雷暴。大家可以启用你们手上的任意卡片（至少3张）续编故事。老师给大家的卡片可能无法穷尽你们的想法，所以每组还有一张空白的卡片，这张卡片上只有我们主角（见右图）。大家可以利用这张空白卡，画上你们需要的元素，帮助青蛙继续寻找幸福。

慧心思

如何提升幸福感？

提升幸福感小贴士：发现拥有、适切期望、积极定义、肯定价值。

总结：我们在帮助青蛙寻找幸福的过程中，也在不断创造着幸福。青蛙的幸福之旅暂告一个段落，下面我们一起看看青蛙动画《我明白了》。它到底明白了什么？这个问题作为作业留给大家，请带着这份思考继续我们人生的幸福之旅。

教学反思

本课以叙事故事为主线。伯格指出，叙事"是人们使各种经验组织成为有现实意义的事件的基本方式"。[1]本课通过拟人化的素材，让学生通过讲青蛙的故事，了解什么是幸福以及如何去获得幸福。在讲别人的故事特别是卡通人物的故事时，孩子们往往能够全情投入，投射出自己的观点。

在课堂中，学生给了我很多的惊喜。当他们随机拿到图卡作品去诠释青蛙眼中的幸福时，让人感觉"幸福有时很简单"这一结论不言而喻。本课的绘画表达部分作为辅助手段，让学生根据自己的故事脉络绘制想要的青蛙卡片，从而能够按照自己的设想把故事讲完整，这弥补了原来卡片的有限性。值得深思的是，在续故事环节笔者设置了开放性的结尾，青蛙是否能找到幸福？孩子们无一例外地都让青蛙找到幸福了。这是因为课堂潜在的价值引导，还是学生们都有向好向善的愿望？这值得我们进一步探究。

作品与解读

团体作品

一路上它收获了许多的风景，每一次经历都成了生命中的一道颜色，最后组成了美丽的彩虹。

---

[1] 张怡.3—6岁儿童叙事性绘画研究［D］.华东师范大学，2020.

团体作品

　　它穿上运动服和耐克鞋，拿上了自己的游戏机，它想这一份自由和放松就是幸福吧！

团体作品

　　我还是从前的那个我，但是内心逐渐归于平静，因为我发现了幸福。每个人的幸福可能不同，对我而言就是有目标、能自知。我是独一无二的。

愤怒的化学实验

教学目标：认识愤怒情绪的积极意义，掌握合理管理愤怒情绪的技巧。

课　　时：1课时

教学准备：化学反应短视频、学习单、彩色笔

教学过程：

暖心导

同学们经常会在电视上见到化学实验，很奇妙的是，有的会生成美丽的沉淀，有的会爆发出绚丽的火花，有的会飘起神秘的烟雾。我们到了高年级会到实验室去做化学实验，今天我们将在教室一起做一个有关愤怒情绪的小实验，看看加剧愤怒试剂和冷却愤怒试剂会碰撞出怎样的火花。

静心绘

加剧试剂，顾名思义，它的作用就是使愤怒反应程度更加剧烈。请你结合生活实际，用颜色和符号表示这种试剂。

……

畅心议

请在对应的方框中简单写写，并和同伴分享交流：加剧试剂中的物质代表着生活中怎样的情况或举动？

……

静心绘

冷却试剂可以使愤怒反应降温，甚至可以使愤怒反应停止。请你联系生活实际，用不同的颜色和符号来表示这种试剂。

……

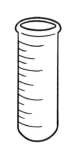

畅心议

请在对应的方框中简单写写，并和同伴分享交流：冷却试剂中的物质代表着生活中怎样的情况或举动？

……

静心绘

为了得到我们想要的实验结果，我们将加入同学们自制的试剂。在这里你可以选择全部加入冷却试剂，也可以全部加入加剧试剂，同样也可以按照自己的想法按比例调配加入两种试剂。不同的方式会呈现出不同的结果，请大胆发挥想象，将你的实验可能呈现的现象画在愤怒烧杯中。

……

畅心议

你的实验结果是什么样的呢？在生活中，你的实验结果又有着怎样的寓意呢？请分享交流后写在对应的方框中。

……

慧心思

老师选取了一些有代表性的作品，希望可以与大家分享。也请大家结合这些愤怒烧杯，一起思考这样几个问题：

当全部加入冷却试剂时会怎样？

一味地压抑愤怒，会带来怎样的后果？

生活中哪些时候需要我们表达愤怒？

如果全部加入加剧试剂又会怎样？

随意宣泄愤怒会造成怎样的后果？你认为最佳的配比应该是多少？

生活中哪些情况是你认为的最佳配比？

总结：其实愤怒情绪不可怕，愤怒烧杯藏在我们每个人心中。不同的是，当愤怒来临时，有的人选择了一味地加入加剧试剂，伤害自己的同时也伤害他人；有的人选择了一味地加入冷却试剂，使自己憋出内伤也无法改变现状。希望同学们都能够找到自己愤怒烧杯加入试剂的最佳配比，掌控好愤怒来临时的化学反应。

教学反思

本课想通过一种自由的方式让孩子们自己探究，找到心中愤怒情绪的最佳打开方式。它可能不是一味地压抑，但也肯定不能无脑地发泄，这个度究竟要如何把握呢？愤怒情绪也有积极的作用，我们在讲课中可能经常忽视这点，把愤怒归为一种负性情绪。愤怒的"加剧试剂"与"冷却试剂"能够帮助学生联系实际思考哪些言谈举止是会加剧怒火的，哪些是可以冷静下来的。不同的配比会产生不一样的后果，如果完全倒入"加剧试剂"，可能会产生爆炸、火花等现象，这在生活中又是怎样的表现呢？如果完全倒入"冷却试剂"，那愤怒的化学反应说不定就难以进行了，在生活中又会有怎样的后果呢？把调配最佳比的主动权交给孩子们，哪怕愤怒试剂有点多，这样的后果也可以由学生自己呈现。

作品与解读

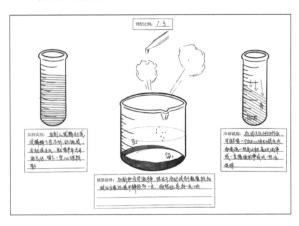

作者：张雯洁

我心目中加剧试剂和冷却试剂的最佳比例是1：3。我觉得我在生气时，实际就是加剧试剂与冷却试剂做斗争的过程，我会需要多一些冷却试剂，才能让自己回归平静。比如：吃一点冰激凌、向朋友倾诉等。

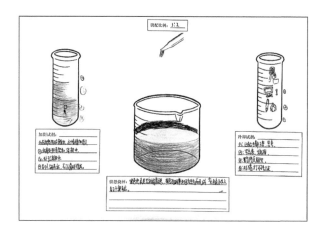

作者：丁奥

我觉得愤怒来临时，如果自己一味地沉浸在情绪中走不出来，就可能会导致怒火的蔓延，危及周围无辜的人。这样一味地发怒可能会导致自己错过许多风景，并且发完脾气我也总会懊恼。所以我感觉如果愤怒多一分，就会有一分的不良后果。

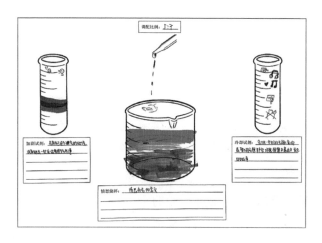

作者：吕文绮

我的加剧试剂比冷却试剂多了两份。虽然我知道愤怒时自暴自弃、怨天尤人可能只会让自己更糟糕，但是愤怒还是有它的积极意义的。比如，有一次我在食堂排队，有一个同学插队，我特别生气，当时就大声说道："请你遵守秩序！"他看到我很生气的样子后，就自觉地到后边排队了。

（上海市黄兴学校　赵思迪）

当悲伤逆流成河

教学目标：了解性病的传播途径，增强自我保健；通过共情，找到面
对该困境时的资源，学会积极应对的方法。

课　　时：1课时

教学准备：《悲伤逆流成河》的视频剪辑、学习单

教学过程：

暖心导

今天我们要和大家述说一个故事，故事的主人公是一个青春期的学
生，但她的生活却充斥着悲伤。（引出课题"当悲伤逆流成河"）

悲伤·缘起

（播放视频1：得病）

静心绘

当易遥得知自己生病了，她的
心情是怎样的？请用一种颜色来填
涂这颗受伤的心。注意先不要涂满，
只涂心形的三分之一大小即可。

……

畅心议

请说一说选用这种颜色的理由。
你觉得易遥在想些什么？

160

这些想法的背后是怎样的担心？

……

受伤的她选择去小诊所治疗，不料却被某同学发现。下面我们一起来看一看，同学们对性病有何理解？

悲伤·加剧

（播放视频2：来自同学对性病的释义）

你觉得同学们的理解有没有问题？他们为什么会有这样的反应？我们先来考一考大家：性行为是传播性病的唯一途径吗？

不是。还有间接接触传播（除艾滋病）、母婴传播、血源性传播等其他传播途径。

静心绘

此刻，易遥的悲伤又进一步加剧了。现在请你再选用一种颜色来填图这颗悲伤的心。

畅心议

现在这颗心有了怎样的变化？

你觉得易瑶在想些什么？

为什么添加了这一颜色？请说说理由。如果你是她的朋友，你会对她说些什么？

……

生病加上同学的误解，给易遥造成极大的打击。因此，面对无辜的性病患者，我们要学会尊重。

悲伤·逆流

（播放视频3：困境）

静心绘

同学们的这些行为给易遥带来了什么样的影响？

现在请你再用一些颜色来表达易遥内心的感受。如果这颗心已经被填满，你也可以在其旁边画上其他的元素来表达此时此刻易遥的心情。

……

畅心议

色彩的寓意是什么？其他涂鸦具体代表着什么？

静心绘

同学们的欺凌行为让易遥感受到绝望。此时，悲伤已经充满了她的双眼，我们能否一起帮助她找寻资源，渡过难关？请你在刚才这张纸的留白部分，画上你觉得此时易遥可能拥有的资源，可以是来自自身的，也可以是来自他人（亲人、朋友等）的。同时思考一下有没有可能寻求社会的帮助来面对悲伤的情绪，应对校园的欺凌行为？可以是一个电话号码、一种符号、一个元素等，当然，如果你觉得无法用绘画来表达，也可以将文字写在"心"的周围。

畅心议

你画的是什么？请具体说一说它的含义。

不幸的遭遇让易遥失去了很多，能否从你的画中解析一下易遥所拥有的东西？

面对欺凌时，易遥可以做些什么让情况变得不那么糟糕？

应对技巧：寻求帮助（急救电话）；自我保护；树立自信；情绪管理。

悲伤·希望

慧心思

我们的故事还没有讲完，而关于这个故事的结局，老师想让每个同学来担任编剧来补充。今天的作业就是请同学们为本片设计一个以希望为主题的结尾。我们还是以涂鸦的方式，涂满这张纸剩余的空白部分，让这幅作品更完整。这幅作品的名称就是《希望》。

总结：悲伤的心在智慧、关爱、阳光的涵容下变得更加强大，也许悲伤还在，但我们能从作品中看到更多的资源和色彩充溢我们的生活。（同时播放视频：母亲牵着易遥的手迎着阳光走去）

青春需要被理解、被尊重，让我们保护好自己，让悲伤化为成长的那道光……

教学反思

作为一堂青春期教育课，本课没有用过多笔墨去描述校园欺凌，重点放在同理主角的这份悲伤，同时了解性病的传播途径，做好自身的自我保健和防护。本课以主角易遥的遭遇作为线索，通过悲伤的"缘起""加剧""逆流""希望"四个部分，让学生们跟着跌宕起伏的故事情节，在体验中产生共鸣。虽然性病在学生生活中并不常见，但如若遇到，受感染者可谓是遭遇到了难以言喻的困境。周遭的鄙视、他人的攻击，对无辜的性病患者来说无疑是严重的打击。因此，本课通过播放有冲击力的视频片段，同时运用表达性艺术的绘画形式，让学生同理这份悲伤，并且尊重这一群体。

本课在知识点上向学生澄清性病的感染途径，同时使其情感上理解无辜的被感染者。自己既不充当误解者，嘲笑和欺负他人，也能更好地做好日常保健，保护自己不受到感染。当然，本课的重点是让学生学会在困境下找到自身的资源，找到成长的那道光。

作品与解读

作者：叶九言

这是一颗逐渐被禁锢的心灵。我先画了灰色，然后是黄色，最后是中间部分，网格代表着压抑和绝望，感觉越来越沉重。我最后添上的是朋友，还有电脑、动漫书，那些爱心和笑脸代表着周围人的尊重。

作者：侯一琳

悲伤随着心电图越来越重，就像利剑穿心一样。不过，我又为它画上了天使的翅膀，旁边的天使爱心就是周围人的理解。

作者：王程灏

这颗心一开始时千疮百孔，还在滴血，但周围有很多援助之手，那些鄙视的目光再也不存在了，代替它的是大家科学的认知以及温暖的双手。美丽的花朵竞相开放，正如主人公的心情变化，她再也不感到绝望了。

打开"怕怕结"

教学目标： 认识害怕情绪及其影响；学会表达害怕并积极挖掘自身的力量寻找身边资源应对害怕。

课　　时： 2课时

教学准备： 彩笔、A4纸、有声绘本、α脑波音乐（播放音量约40分贝为最佳）

教学过程：

暖心导

请同学们找一个舒服的姿势坐好，伴随着α脑波音乐，让自己安静下来，一起来聆听绘本故事《你害怕什么》。

故事中，小男孩威廉害怕疯狗、黄蜂、火灾、战争和黑夜，害怕巨浪和鲨鱼。外祖母害怕再也看不到可爱的松鼠了，看不见白色的海棠花盛开，听不到小鸟在林间唱歌，看不到美丽的天鹅，也怕被死亡吞噬后无法再见到自己深爱的孙儿。

你有过害怕的时候吗？你都害怕些什么呢？把自己想到的感到害怕的人、事、物、场景尽量都回忆一下。

静心绘

这些害怕一直不散去，时不时会让自己感到不适、不安。如果用一个"结"来形容它，我们今天就叫它"怕怕结"。绘本故事中的小男孩最终和外祖母打开了这个"怕怕结"。在今天的课堂活动中，老师会带领大家尝试着打开自己的一个"怕怕结"，你想打开哪一个呢？请你在心中勾勒出它的样子，选一个你觉得合适的颜色把它画下来。

畅心议

这个"怕怕结"的样子很特别，能具体说一说吗？为什么用这个颜色画"怕怕结"呢？遇到这个"怕怕"的你，当时的心情是怎样的？这个"怕怕"给你带来了怎样的感受？这个"怕怕"给你带来了怎样的影响？如果我们对一个事物的害怕程度的最高等级为10分，你给这个"怕怕"打几分呢？

如果你现在可以和"怕怕"对话，你最想和它说什么呢？（学生写下自己想说的话）你觉得"怕怕"会和你说什么呢？（学生写下"怕怕"说的话）

通过与"怕怕"的对话，我们意识到自己害怕的事物有的是真实的危险，有的只是自己想象的威胁。它们既有负面影响，让自己不安、不适，也有积极意义，提示自己危险的存在。

此时此刻，你能做点什么让自己对"怕怕"的害怕程度降低一些吗？（同学交流应对"怕怕"的方法）

静心绘

当"怕怕"出现的时候，如果你应对力量不足，有谁能和你一起面对吗？接下来就把他请到你的身边来吧！请把他们画出来，也可以写下来。

畅心议

你觉得此时此刻他们会做些什么，说些什么？你感到更有力量面对"怕怕"了吗？

如果此时可以给"怕怕结"和自己换个颜色，你想换吗？想换成什么颜色？为什么换成这种颜色？此时你还想给"怕怕结"做一些其他改变吗？

如果我们对一个事物的害怕程度的最高等级为10分，此时再次给"怕怕"打分，你会打几分呢？

慧心思

你对"怕怕"的感觉产生了怎样的变化？为什么会发生这样的变化？如果要给你的"怕怕结"取个名字，叫它什么呢？

总结：本节课同学们都非常勇敢地敞开了心扉，你们的课堂表达和绘画作品反映了你们的收获，下面就让我们给自己一个温暖的蝴蝶抱抱，轻轻地对自己说:"当我和'怕怕'相遇时,我可以和它说说心里话,探索到自己害怕的到底是什么。我现在也有了一些应对'怕怕'的方法,还有很多支持者会陪我一起面对它,给我力量。我自己也在这个过程中越来越有力量、越来越勇敢了。打开'怕怕结',我可以。"

教学反思

害怕是人们经常会遇到的一种基本情绪体验,初中生往往由于缺乏面对、处理或者摆脱害怕的人、事、物、场景的能力和办法,陷在害怕的泥潭中,处理不好,还会引起不安、焦虑等。"打开怕怕结"这一课,通过绘画、提问、静思等引导学生具体描述害怕什么,与害怕进行对话,进而澄清自己害怕的对象,探索应对的方法,积极寻找支持力量和资源。在以上五个活动环节之后都有同学反馈自己对"怕怕"的害怕程度降低或消失了,自己面对害怕的力量越来越强大了。对"怕怕结"的认识、表达、应对的方式也可用于应对其他害怕的人、事、物、场景。本课应用于个体辅导或小组辅导时,如能兼顾到每个学生的每一环节,有效倾听、澄清或追问,效果会更好。

作品与解读

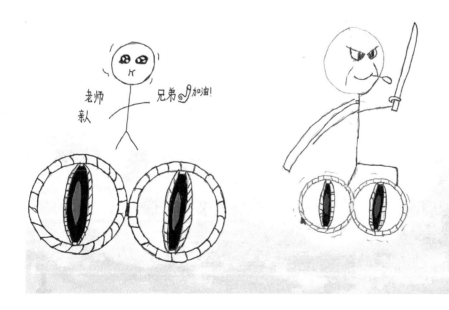

《变小的"怕怕结"》

作者：庄祎辰

我面对的"怕怕结"是别人不信任、不尊重、不理解的目光。之前我感觉自己一直生活在这种目光下，经常感到害怕、紧张，不敢与其对视，所以我一开始给"怕怕结"打了8分。通过与"怕怕"的对话，以及在老师的引导下思考应对"怕怕"的具体办法，我想到了很多自身的优势，也想到了一些利用好自身优势增强信心和能力的做法，不会太在意别人的评价。现在我感到轻松了很多，再画"怕怕结"时，我比它强大了很多。

《彩色"怕怕结"》

作者：范子衿

我害怕昆虫，特别是那些软软的、分泌黏液的，一想到就会恐惧，见到就会吓得尖叫。今天，老师让我们具体地说说自己的"怕怕结"，鼓励我和"怕怕结"面对面对话，让我打开了思路。我把它加上了颜色，变成了彩色的。其实，我们对自己害怕的事物多方面做一些了解，害怕程度就会降低很多哦！

我害怕发言,怕发言后会令气氛尴尬	难堪,尴尬,浑身热,觉得烧得快蒸发	③我真得变得弱弱想打手乐	④为什么不勇敢一点?因为这个结怀失去了多少机会?	⑤@鼓励自己 @对着镜子多多尝试	⑥8分 ↓ 4分

《破晓"怕怕结"》

作者：金嘉悦

　　在我面前有一个又粗又黑的"怕怕结"，我在它面前总有要跪下来的感觉。课堂上的一场谈话、一个鼓励的眼神、一次掌声都像一束束阳光，这一束束阳光很温暖，照在黑色的怕怕结上，黑色慢慢变淡，人绷紧的心也慢慢轻松下来。

（上海市国和中学　李冠澜）

我有一个能量瓶

教学目标： 了解什么是"小确丧"，知道"小确丧"也有负面影响，尝试用表达性艺术的方式表达沮丧感，学会发现和挖掘自身资源以更好地应对"小确丧"。

课　　时： 1课时

教学准备： A4纸、彩笔

教学过程：

暖心导

同学们好，在今天的课堂之旅开始前，让我们一起来听一首歌曲热热身。

……

同学们对歌曲里描述的状态有共鸣呢？前几年有一个新的名词"小确丧"慢慢开始流行起来（出示表情包），它是指生活中细微的但又无法避免的一些让我们不开心的事情。比如老师平时上班路上拼尽全力狂奔赶地铁，但屏蔽门却在我踏进的前一刻缓缓关闭。同学们的生活中有没有这样的"小确丧"呢？

静心绘

每个人手中都有一个"小确丧"之瓶（量杯形状），请大家回顾一次"小确丧"的经历，可以是最常发生的或是最让你记忆深刻的，回忆一下当时你的感受和心情是怎么样的。如果它有色彩，你觉得最适合用什么颜色来表达。如果用这个量杯来度量一下当时感受的浓度和深度，它会占据多少空间？

选取一种颜色的彩笔来表达"小确丧"发生时你的心情。

思考"小确丧"的情绪浓度，这种情绪色彩会占据杯子的多少面积，并用刚刚选取的彩笔填涂。

请同学互相分享作品，并简单叙述"小确丧"事件。

你觉得"小确丧"有什么特点？

"小确丧"会如何影响你的情绪和生活？

"小确丧"虽然细小，但它会时常在生活中出现，产生短时的负性情绪，累积到一定程度会带来负面影响。

畅心议

请将你的"小确丧之瓶"在组内顺时针轮转，组内伙伴可以用绘画或文字的形式给这位同学的"小确丧"支个招。

请将作品回传到这位同学的手上，让我们看着组内伙伴们的回应，思考：

你得到了哪些建议？

这些建议中，哪些与你的应对方式一致？哪些是你还没有尝试过的？

你想如何回应给你支招的同学？

_____ "小确丧"之瓶

为你的"小确丧"支个招

邀请同学分享组内轮转后的思考和感想。

……

我们发现"小确丧"也可能有杀伤力，但每一个人都有各自的资源和能力去应对。老师下面要给大家推荐一款治愈神器。它有着热水瓶的构造，但它充满了能量，这是我们的能量瓶。让我们来观察一下这只能量瓶。

请同学们观察学习单上的能量瓶（热水瓶形状），它由三层组成（外壳、内胆、内部），分别代表我们的外部支持、内在优势和效能，这也是组成我们的抗逆力的要素。抗逆力能帮助我们与生活中的"小确丧"握手言和，比如老师的能量瓶（出示参考图样）就帮助老师平复了不少"小确丧"。请同学们思考一下，结合刚才小组讨论中的启示，在你的能量瓶中有哪些资源能治愈"小确丧"？

现在请你把觉察到三个层面的资源在能量瓶上标注出来，并在组内进行分享。

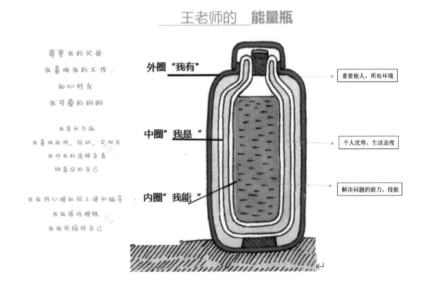

慧心思

你标注了哪些资源？

这些资源对于应对刚才的"小确丧"又有什么样的帮助？

总结：感谢同学们的分享，"小确丧"虽然会给我带来一定的负面感受，但也给了我们一个发现、应用和激活我们内在能量的机会。让我们再来看看它们，你们有没有发现，正是我们拥有的能量治愈了生活的小确丧，而这小小的沮丧又帮助我们看见了更多的成长和支持，所以谁说"小确丧"不是另一种"小确幸"呢？

教学反思：

"小确丧"是与"小确幸"对应的一种负面情绪，通常是指在生活中时常发生、并不非常激烈但会引起人负面体验的情绪感受，这种情况往往不会引起即时的情绪爆发，但如果没有恰当的方式调整和应对，便会导致负面情绪的积累。这节课试图通过绘画表达的形式让学生具象地表现出"小确丧"事件的色彩和浓度，并通过朋辈互助的方式挖掘和发现自身已有资源，从而调整自身对负性事件的理解角度和应对消化方式。

绘画表达环节，教师试图通过量杯这一形象和填色这一方式引导学生对情绪的"重量"和"浓度"进行具象衡量。在实际开展过程中，要让学生充分理解这一意图，并能恰当准确地表现自己的感受，还需要教师的引导和示范。同时，在后期的能量瓶制作过程中，教师的解读和示范也起到重要作用。教师的自我示例给到学生表达创作的方向，但是否一定程度上也会限制学生创作探索的思路，是否还有其他更好的途径进行替代，这是我们仍然在思考的问题，期待在后期对本节课不断的磨合和改进中能发现更好的选择。

作品与解读

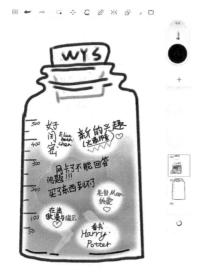

作者：魏云舒

对于我来说，我的能量瓶里真是装了满满的正能量。我喜欢看书，尤其是《哈利·波特》，还喜欢追剧。我有爱我的家人，我的妈妈总给我无私的爱，我的闺蜜常常会给我带来欢声笑语……在想到那些讨厌的小确丧时，这些都能平复我起伏的情绪。

作者：虞梦洁

我的能量瓶中的能量，主要还是来源于自己强大的内心。虽然生活中不免有些小事让我的情绪比较低落，可还有更多值得我爱的事物，所以这样看来，这些负面的情绪就微不足道了。我们不妨将自己的眼光放得长远些，只要我们自己拥有积极的心态，生活就会像坐着飞机一样一路开挂。

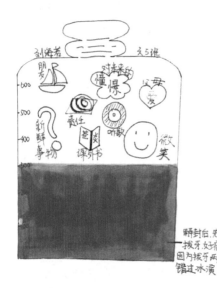

作者：刘海若

每当想起我的牙齿，糟糕的情绪就会涌上心头。加之今年春天疫情的耽误，这件事情更让我焦躁不安。一个人的时候我不断提醒自己要保持微笑，通过听歌、发现新事物、思考未来来分散自己的注意力。同时，我也要为我的父母、我的朋友等那些爱我的人负责，开心地过好每一天。

（上外附中东校　王文婧）

学习认知篇

"绘"润心理课

学海行舟

教学目标：引导学生体验当下学习中的内驱力水平与压力状态，学会
利用资源激发自己的学习动能。

课　　时：1课时

教学准备：A4纸、彩笔

教学过程：

暖心导

"学海无涯苦作舟。"今天我们想象一下自己就是那条在学海中遨游
的舟，好好畅游一番。

静心绘

每位同学面前都有一张A4纸，它代表着学习的海洋。请你先把这
艘在学海中航行的船画下来。在画之前，请你先思考这是一艘怎样的
船，它的大小、状态（行驶或静止）、动力系统等是怎样的。它可以是
实际存在于现实生活中的船，也可以是你想象中的。如果你想好了，请
把它画下来，并且给它命名。

......

畅心议

请你观察一下这艘船，你最满意的部分是哪里？为什么？

这个部分如果在现实生活中可能是什么？

简单说说你为这艘船如此命名的原因。

......

静心绘

现在请你绘制一下这艘船所处的环境，包括海面上有没有风，海水流动的速度大小，有没有海浪，周围有什么样的事物，这艘船将要驶向何方等。

……

畅心议

对小船而言，这些外部的环境有没有造成阻碍？如果有，请你结合自己画中的元素说说具体指什么。哪个阻碍对你来说威胁最大、最令你感到害怕？

……

静心绘

现在如果让小船继续前行，你觉得可以增添一些什么元素？可以是来自自身的，也可以是来自外界环境的。

……

畅心议

你增加了哪些小船自身的元素？在现实生活中它可能意味着什么？
你增加了哪些来自外界的元素？在现实生活中它可能意味着什么？

……

慧心思

请同学们看看被改造后的小船，畅想一下现在的小船在学海中可能会发生怎样的故事。

……

总结：其实当我们在学海中"苦作舟"时，是因为我们缺乏一种学习的驱动力。学习驱动力就像船的发动机或动力系统，有了动力船才能往前走。当我们给小船"添砖加瓦"时，其实就是在给自己增加力量感和掌控感。这样，我们才能专注学习，才会用心钻研，学习力才能越来越强。我们在茫茫的学海中就会从"苦作舟"转变为"畅作舟"。

教学反思

孩子在学习中缺乏内驱力是一个较为普遍的现象。一直想和学生探讨这一话题，但发现理论讲解不能起到很好的效果。本课以船作为比喻，以经典名言引入，让孩子们在画世界中体验一番掌控感。在图画的世界中，学生怎样表达不受限。

本课没有去探讨学习的意义感，一是想尽可能少些说教；二是想让课堂实施更紧凑，更聚焦。因此，我们从学习者自身出发，通过自我赋能来增加内驱力。想让学生们了解和认识到自己当下的状态，通过画学海中行驶的船可一目了然。例如：有的孩子画的船是用一条绳子牵着的，有的孩子画的船是随波逐流的……通过具象的图画作品，初中生很快就能意识到自己的学习状态是怎样的。通过对呈现状态满意与否的提问，可以启引学生改变学习现状的动能。正如孩子给船的命名：梦想号、致远号、乘风破浪号……

在绘画作品第一次完成后的提问，分别对应着激发内驱力的几大因素。学生们在思考的过程中，逐渐厘清自己在哪些方面可以增强自己的内驱力。第二部分，通过让学生画小船在前进中遇到的阻碍，进一步明晰自己缺乏内驱力的原因，并且能够加以改善。因为"适度负重"所代表的压力感对于在暴风雨中行驶的小船而言非常形象，所以笔者在课的后半部分加入了"适度压力是助力"的环节，让学生们能够调整压力、正视压力，将其作为激发内驱力的一种动能。整堂课在实践以后都达成了既定的教学目标。

作品与解读

作者：施闻捷

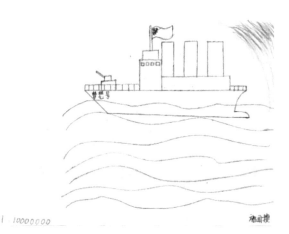

学习生活是要有梦想的，但是实现的过程中肯定会遇到阻碍，而船上的大炮就是用来突破重重阻碍的，这样再大的浪也会成为过往。大炮代表着在学习上不断纠错，努力去攻克不会的习题等。船一直在前行。

作者：沈璇

我的这艘船是乌篷船，很安全，也比较惬意。风浪不算很大，绳子是外在的动力，包括朋友、父母等。我想我的这艘船要有自己的方向，外在的动力最终要变成自己前行的力量。

作者：王沐

我的这艘船最大的特点在外形上，画成猫形是因为我家里养猫。在我学习感到枯燥的时候，猫总会来陪我。后面牵着的是一只铅笔小舟，它是我的救生艇，在我感到疲惫的时候可以到这只铅笔小舟上放松一下。

作者：徐梓涵

这艘船叫希望之帆。它很大，在画纸上你们只能看到它的船头，当然它前进的力量来源于努力和坚持。月亮就像良师益友，指引着我前进的道路。

跨过这座山

教学目标：了解挫折不可避免及其对自己的影响，学会积极应对挫折的方法。

课　　时：2课时

教学准备：彩笔、学习单

教学过程：

暖心导

如果让你用一些词来形容挫折，你会用什么词？生活中，我们每个人都遇到过挫折。如果把你遇到的挫折比喻为一座山，它可能有多高，有多大？是一座怎样的山呢？

静心绘

请你在心中勾勒出它的样子，并把它画下来，同时给这座山命名。

畅心议

这是一座什么山？能具体描述一下吗？为什么以此命名？有什么特别的含义吗？生活中，这座山可能有什么寓意？

静心绘

火柴人的跨越

画火柴人：下面请你画一个火柴人，刚刚遭遇挫折的他心情是怎样的？如果用一种颜色表示此时此刻的心情，它是什么颜色呢？请你记录下这个火柴人，画在左下角。

畅心议

为什么用这个颜色来代表火柴人？此时的他在想些什么？面对这样的情绪，可能做些什么？当火柴人看着这座山时，你觉得他可能会对自己说些什么？

在火柴人梳理了自己的一番情绪后，我们一起来帮助他跨过这座山。

静心绘

山那边：请你们想象一下，他翻过那座山后，山那边可能有什么？请你用简单的符号把它描绘出来。

在同学们的帮助下，火柴人有了坚定的目标，他要去向山那边。

改头换面：他开始出发了，为了让自己更有力量，他想让自己改头换面，请你为他量身定做。现在的他可能是什么颜色的？可能拥有什么装备？大小会发生变化吗？请你再画一个火柴人，这是准备出发的他。请把他画在山脚下。

畅心议

现在的他发生了一些怎样的变化？请你具体描述一下。

你能介绍一下他的装备吗？在生活中，这些装备分别代表着什么？

这时的山，在他心目中有没有发生一些变化？如果有，可能是什么？

静心绘

寻找资源：他开始继续上路，爬到了半山腰，这时的他又有点累了，他想找一些什么东西帮助自己继续往上攀登。他环顾四周，看到了什么？请你把它画下来。它也许是一棵树、一只鸟，抑或是一朵白云……

畅心议

请你介绍一下，此时的这座山增添了一些什么？

如果在生活中也能拥有它们，你觉得它们可能代表的是什么？

火柴人小憩了一会儿继续上路，他终于来到了山顶。你可以想象一下现在的它是什么样子吗？

慧心思

此时的他是什么心情？他看到了什么？可能在想些什么？再看眼前的这

座山时，他可能会对自己说些什么？

总结：每位同学手中的爬山图记录了经历挫折后的心路历程，可能在山的那边还会遇到另一座山，但攀爬的过程也构成了一道靓丽的风景线。当我们心中有目标、情绪能管理、积极找资源、正向赋意义的时候，我们也会变得越来越有力量，眼前的这座山也会发生相应变化。当然，在路途中，万分疲惫的自己也可以回头，重新设定目标，整理行囊，再次出发。

教学反思

挫折教育是有意识地利用已有的挫折情景或设置挫折情景，使个体在与困难和挫折做斗争中经受磨炼，以增强应对挫折的意志和能力的一种教育活动。在心理课中这是较常见的主题。本课将挫折比喻为山，通过多格画的形式，让学生感受在经历挫折的不同阶段时的认知和行动。在画山的过程中，每个人的描摹也让大家意识到挫折不可避免。当挫折山更多以学习、人际交往命名时，中学生的挫折不言而喻。课题"跨过这座山"已经设定了教育对象不能采取逃避的方式。教师在授课的过程中尝试了两种方式，比较了人物设定为第一人称和第三人称时的教学效果。结果表明，当第三人称的他出现时，学生们更愿意用旁观者的视角去讲述他的故事，帮助他完成既定目标。

作品与解读　　　　　　　　　　　　　　　　　作者：刘可

我的挫折是人际交往，这个困难别人看起来可能很小，但在我看来却很大。山上的红色是别人失败以后留下的足迹，我带着他们的精神继续前行。人头上的那盏灯表明他有头脑，心代表着决心和勇气，笑脸代表着积极乐观的态度。

作者：胡诚丰

小人爬山的时候挺高兴的，这座山是花果山。山那边有水帘洞，还有很多同伴。在半山腰，他看到了远处的火山，但这些丝毫没有影响他走眼前的路。因此，他觉得自己是幸运的。当爬到山顶的时候，小人曰："飞流直下三千尺也不过如此，哈哈。"这是一种征服的自豪。

作者：朱欣妍

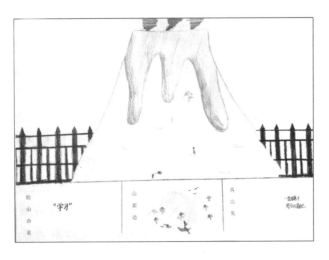

这是一座火山，山上有一棵硕果树。在爬山的时候，小人遇见了许多人，他们互相鼓励。再出发时，小人多了一面能够不断认识自己的镜子，这面镜子可以让小人更多地看到自己的优点和努力，更有勇气和力量继续攀登。

渡　河

教学目标： 以渡河图为媒介，加强对当下生活困境的觉察，并尝试从积极视角挖掘解决问题的内外资源。

课　　时： 1课时

教学准备： 彩笔、A4纸

教学过程：

暖心导

受疫情影响，原本应该按计划坐飞机由古巴返回荷兰的一群荷兰高中生滞留在了加勒比海，为了回到自己的祖国，他们必须要渡过横在眼前的大西洋。请大家思考一下渡河的各种方式，以江河湖海比喻当下希望解决的困难，引入主题。

静心绘（我的"河流"）

引导学生思考当下最想解决的问题，并将其想象成一条河，画在纸上。

指导语：既然要渡河，我们首先要看看这条河是什么样子的。所以，我想请你先想一想：在当下的生活中，自己最想解决的问题是什么？或者说最想跨越的挑战是什么？如果将其想象成一条河，你觉得它有多宽？有多长？有多深？当你想好了，请画在眼前的白纸上。

畅心议（看见"困境"）

你的河流是什么样子的？看着这条河，你的感觉是怎么样的？

小结：我看见很多河流，有长的、短的、宽的、窄的、深的、浅的，有占满画面、几乎找不到空白的，也有只占据画纸一角、留下很多空白的。无论你的河流是什么样子的，当你尝试去看见它时，你已经迈开了前进的第一步。此时此刻，面对这条河时，如果你感觉轻松、自信、胸有成竹，这自然很好；如果你感觉到无力、难过、疑惑、担心、愤怒，这也很正常。它的确是横在面前的困境，但也同样是收获崭新自我的开始。

静心绘（面对河流的"我"）

引导学生思考和想象画中自己的位置、未来的方向、渡河方式与周围资源，并绘制在纸上。

指导语：现在请你将注意力重新转回到自己的画上，先做几次深呼吸，同时去感受此时此刻身体觉得紧绷的地方，试着把呼吸带到那里，好好地滋养这些不舒服的地方。当你慢慢沉静下来以后，闭上眼睛，想象一下：面对这条河流，你在什么地方？你期待中想要去的地方在哪里？此时此刻，你准备或者正在用什么方式渡河？请你仔细环顾周围，你还可以看见什么？听到什么？感受到什么？当画面逐渐清晰时，请你睁开眼睛，将他们画在纸上。

畅心议（我的内外资源）

描述画面：

你现在在哪里？你是如何到达那里的？

河的对岸是什么样子的？如果到达了那里，你会有怎样的感受？

你会采用哪种方式渡河？这种方式好在哪里？

在你的画作中还有哪些资源可以帮助到你？

当你聆听同学分享时，你印象最深刻的是什么？

小结：当我们面临横在眼前的大江大河时，也许一开始会没有方向，但正如心理治疗师萨提亚所说："问题本身不是问题，如何解决问题才是问题。"几位同学的分享为我们做了一个很好的示范，当我们能够不仅看到问题，还能够正向思考解决途径时，也许你会发现原来眼前不仅仅有河，你还会看见未来的憧憬，看见一路走来的积累，看见身边所拥有的资源。当你能看见画作中更多的内容时，你也能看见生活中更多的力量。

静心绘（再添几笔）

请学生联系现实生活，思考生活中的目标与内外资源，并在原有的画作上添上几笔以协助自己更好地渡过河去。

指导语：现在请你再次回到画作中，思考一下：如果河的对岸代表着你对未来的憧憬，那么当下你期待达成的目标是什么？如果画中的你代表着自己一路以来的积累，那么你在应对这个问题时有哪些经验？如果除了河与你自己外所有的东西都是你可以利用的资源，它们在现实生活中代表着什么？带着这些思考，请你在画中再添上几笔帮助自己更好地渡河。

畅心议（下一步行动）

描述添加的画面和想法。

下一步的目标是什么？会利用哪些资源和方法？

小结：我们不仅能绘画和看画，还能看见更多生活中的力量。我们能找到自己下一步的目标（举例），还能找到自己的经验和资源。当我们运用起这些资源，我们就能一步步迈向自己期待中的远方。

慧心思

结合课程内容，补完荷兰高中生的故事。

总结：请记住我们是解决自己问题的专家，我们八仙过海行进在河流之上，我们有着自己的智慧，亦能从他人处获得支持与启发。当我们从正向思考，会发现为了达到我们憧憬的彼岸，我们一直在努力，累积了自己的经验，亦可调动身边的资源。当我们勇敢地面对自己的困难、寻找自己的力量时，改变便已经发生。小改变能带来大改变。最后，我想邀请大家再次回到我们的画作上，想象一下这样的画面：在我们的面前是我们要渡过的江河湖海，在它的面前是拥有内外资源的自己，我们为自己一点一点注入能量，带上我们所有的装备，面向远方，勇敢地迈开渡河的步伐。

教学反思

无论是初中还是高中阶段，临近毕业年级的心理课堂容易呈现一种矛盾的现象：一方面学生们面对升学挑战需要心理调节与支持，一方面又容易对班级心理课兴趣缺乏，恨不得抓紧时间多做一些练习题。此时，心理课选取的内容和活动形式就非常重要。运用绘画心理技术就是一种有效的应对方式，其投射特点既能较好地呈现学生的思考，又能满足部分同学不愿意在班级进行深度分享的意愿。本课中的渡河图是应用于问题解决情景的绘画心理技术，通过绘画叙事帮助学生澄清问题、探索资源、积极行动，以此促进其对当下问题情境的思考与行动。愿意分享具体故事的学生能够就事论事，而不愿意分享具体故事的学生也可以就画论画，学生们能在这个过程中加深对于问题的觉察与理解，获得启发与收获。

作品与解读

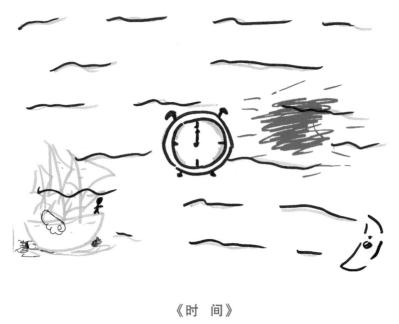

《时　间》

作者：小 A

　　我的问题是时间管理，就在纸中间画了个钟。这个困难很大，所以铺满了整个画面。但是我还是抱有希望的，所以有太阳、有船。我的船是随风漂到这里的。在课堂中我也发现了，其实我能够站在船上和它一起来到这里也是很了不起的。后来再添一笔的时候，我就画上了桨，帮助我的船向前行驶。

《适应新生活》

作者：唐佳瑶

　　我的问题是对新生活面临着适应困难。新生活里有更美的风景，虽然现在我还没有看到，但经过努力肯定可以看见。我坐在自己的小船上，代表着我在寻找属于自己的适应新方法。如果可以再添一笔，我会再多画几个人，和周围人一起渡过这条河。

（上海理工大学附属中学　甘志筠）

兴趣大富翁

教学目标： 帮助学生了解自己的兴趣；引导学生将兴趣和初中学业以及未来发展联系起来深入思考。

课时： 2课时

教学准备： 多媒体课件、A4 白纸和 1K 大白纸若干，彩笔若干；提前分好六块场地，做好问卷调查，打印好兴趣地图素材

教学过程：

暖心导

老师在课前提前做好调查，根据霍兰德兴趣类型理论划分六个兴趣岛（R、I、A、S、E、C），请同学们从中选择一个自己最感兴趣的，成为岛中的一员，开始新的生活。

六个岛屿具体如下：

A岛——美丽浪漫岛

这个岛上到处是美术馆、音乐厅，弥漫着浓厚的艺术文化气息。岛民们保留着传统的舞蹈、音乐与绘画，许多文艺界人士都喜欢来到这里开沙龙派对寻求灵感。

C岛——现代井然岛

处处耸立着的现代建筑，标志着这是一个进步的、都市形态的岛屿，岛上的户政管理、地政管理及金融管理都十分完善。岛民们冷静保守，处事有条不紊，善于组织规划。

E岛——显赫富庶岛

这个岛经济高度发展，有多处高级饭店、俱乐部和高尔夫球场。岛民热情豪爽，善于企业经营和贸易活动。岛上往来者多是企业家、经理人、政治家、律师等，这些商界名流与上等阶层人士在岛上享受着高品

质生活。

I岛——深思冥想岛

这个岛平畴绿野、人少僻静，适合夜观星象。岛上有很多天文馆、科技博物馆、科学图书馆。岛民们最喜欢待在自己的小房子里，天天钻研学问，沉思冥想，探究真知。哲学家、科学家和心理学家们在这里约会，讨论学术，交流思想。

R岛——自然原始岛

这是个自然生态优良的绿色之岛。岛上不仅保留有热带雨林等原始生态系统，而且建立了相当规模的植物园、动物园、水族馆。岛民以手工制造见长，他们自己种植花果、栽培蔬菜、修缮房屋、打造器物和制作工具。

S岛——温暖友善岛

这个岛上的岛民们性情温和、乐于助人，人际关系十分和谐，大家互助合作，重视教育后代。每个社区都能自成一个密切互动的服务网络，处处充满着人文关怀气息。

_____最想去生活的岛（感兴趣的事可多写）

第一选择：		感兴趣的事：
第二选择：		感兴趣的事：
第三选择：		感兴趣的事：

根据课前同学们的选择分成六个小组，选出小岛的队长，并根据小岛特色想一句简单的口号。

静心绘

你所在的岛屿分为哪些区域呢？有哪些地标性建筑？怎样建设能使自己的家园变得更好，更有自己的特色？你可以根据自己的兴趣命名并建造建筑、场馆等，也可以选用有代表性的颜色涂绘不同的区域，并在相应区域画出有代表性的地标符号。

兴趣地图提示卡

兴趣地图名称	城市举例	城市区域色调	地标建筑 LOGO
代号R	航天制造城、地质勘探城、网络设计城、户外探险城……（你们的补充）		
代号I	物理研究城、心理研究城、天文探究城、化学研究城……（你们的补充）		
代号A	绘画城、书法城、舞蹈城、唱歌城、戏剧城……（你们的补充）	用有代表性的颜色涂绘不同方格表示不同的区域	用图标或符号来表示该区域可以建造什么建筑、场馆等
代号S	医疗服务城、志愿服务城、职业培训城、金融咨询城……（你们的补充）		
代号E	法律辩护城、金融交易城、政治对话城……（你们的补充）		
代号C	图书管理城、户籍管理城、信息管理城、数据收集城……（你们的补充）		

畅心议

学生以兴趣小组为单位组成一个岛。如果要吸引其他小岛的居民来岛屿投资、旅游或者居住，你会怎样介绍自己的岛屿？

由队长介绍自己的星球有什么样的特点，分享岛屿的口号。

由队员依次介绍自己在岛屿的建设中负责哪些区域，可能会在这里做些什么事情。

……

为了做好兴趣世界里的这些事情，目前我们要在初中阶段重点学习哪些学科，积极参与哪些活动？未来我们可能要学习哪些知识？老师可以给大家提供一个关于兴趣类型与职业的解读卡，或许能够给你们提供一些帮助，大家也可以进行一些补充。

兴趣类型与职业的解读卡

兴趣地图名称	职业兴趣类型	喜欢的工作类型	典型职业举例
神奇的制造世界（代号R）	现实型	喜欢需要动手操作，与物件、机器、工具和运动器材相关的工作	园艺师、机械工程师、制图员、厨师……
静谧的思考世界（代号I）	研究型	喜欢通过观察、测量、实验，然后运用逻辑思维形成结论，最终解决问题的相关工作	大学教授、医生、电脑编程人员……
浪漫的艺术世界（代号A）	艺术型	喜欢那些用语言、文字、动作、声音和颜色等形式来自由表达情感和思想的工作	作家、摄影师、乐队指挥、演员……
温馨的互助世界（代号S）	社会型	喜欢那些与人密切交往，通过提供信息、开展培训、开发产品、进行治疗等方式给他人提供帮助的相关工作	教师、心理咨询师、护士、培训师……
显赫的竞争世界（代号E）	企业型	喜欢那些与经营、管理、监督、劝服、评判和领导相关的工作	律师、政府官员、销售专员、企业领导……
严谨的秩序世界（代号C）	事务型	喜欢那些与文字记录、资料归档相关，需要按照规定程序收集数据和整理文字信息的工作	秘书、会计师、图书管理员、文案编辑……

……

慧心思

经过这次生涯星球的畅游，结合其他星球成员的分享，同学们对自己的兴趣有哪些新的认识，对自身发展有哪些新的想法？

……

总结：若将自身兴趣持续发展下去，会有怎样的结果？别着急回答，下节课我们就用自己设计的兴趣大富翁棋盘进行比赛，看看谁的兴趣财富值积累得最多。

教学反思

这节课由两部分组成，绘画表达部分是绘制兴趣大富翁地图的活动。在前两个课时中，学生通过分工合作规划兴趣岛、匹配相应的建筑，更明确了自己的兴趣爱好，更清晰地将未来从事的职业分类与自己的兴趣爱好相匹配。不同的区域分工寓意着每个人的兴趣是不同的，不同的地标建筑符号也寓意着不同兴趣对应着不同成果，最后将兴趣类型与职业卡相匹配。在组员轮流介绍兴趣岛设计寓意时，引导学生将兴趣与个人努力相匹配。值得一提的是，后续笔者还设计了运用自己的地图玩兴趣大富翁游戏的环节。依据兴趣三阶段的特点，想一想自己的小岛上有哪些事情可能引起感官刺激，成为简单兴趣，就在相应的位置建一幢白色房屋；在简单兴趣的基础上，对应着哪些自觉兴趣，就建一幢灰色房屋；最后，在自觉兴趣的基础上，可以进一步发展成为哪些专注兴趣，在灰色房屋的基础上建一幢黑色房屋。不同颜色房屋对应着不同的财富值，最终财富值最高的小组获胜。由于篇幅有限，在此不做详细赘述，老师们也可以自由发挥，有效利用学生绘制的兴趣地图。

作品与展示：

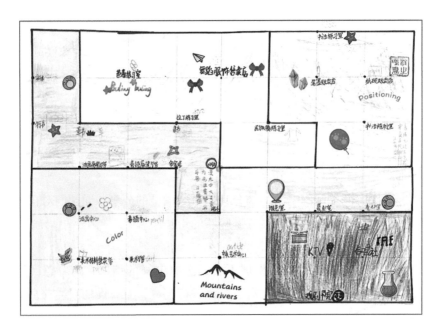

美丽浪漫岛小组

在美丽浪漫岛上，我们有舞蹈区域、书法区域、唱歌区域、绘画区域等，在这些区域，又有芭蕾练习室、戏剧院、KTV等地标建筑。艺术有很多类，我想个人的兴趣也和画兴趣地图一样，先有一个大的分类，再专攻某一门技艺。

深思冥想岛小组

　　欢迎来到深思冥想岛，我觉得这里最适合中学生来打卡。这里有天文馆、科学实验室、冥想小屋、万有引力树，这些非常有意思的建筑其实就来源于我们现在所学的点点滴滴。知识是要不断积累的，我们现在学的都是基础，只有现在好好学习打牢地基，才能够匹配这些充满智慧的地方。

温暖友善岛小组

　　友善岛上有热心的志愿者，有可爱的宠物基地，还有注重文化教育的人们。生活在这个温暖友善的地方，就像生活在软绵绵的云朵里一样，大家互相帮助，走到那里都会觉得很温暖。

（上海市黄兴学校　赵思迪）

逆袭的气球

教学目标：觉察学习压力源，了解适度压力的意义，正视压力，学习缓解压力的方法。

课　　时：1课时

教学准备：PPT、学习单、彩色笔、贴纸

教学过程：

暖心导

大家都吹过气球。当气球急剧膨胀，稍微有些风吹草动就会砰然炸裂，就像过大的压力能轻而易举影响我们的心态一样。今天，我们就通过心理课来看看压力下的心情气球。

静心绘

要想合理地面对压力，我们首先要觉察到自己的压力源和受压程度。如果这张纸代表你的学习压力天空，请问你的学习压力天空中都会画些什么呢？请同学们用自己喜欢的颜色、图形将你的压力状况表达出来。

……

畅心议

你的学习压力天空是什么颜色的？为什么是这种颜色呢？

你的学习压力天空为什么有这些图案，它具体来源于哪里？

如果学习压力值最高为10分，你觉得你的学习压力值是几分？为什么？

……

静心绘

在生活中，随时都有困难和挑战，压力不会凭空消失，我们只能用自己的方式去缓解它。如果让你为画面中间的心情气球装扮一些减压的装备，你会为心情气球涂上什么颜色，让它能够避免过度的焦虑和害怕呢？你会增添些什么装置来避免气球受到外界压力的影响呢？你会给气球增添哪些符号或图案来帮助心情气球保持积极心态呢？

……

畅心议

请结合生活实际说一说，这种颜色会让你联想到什么。比如：做什么事情，有哪些放松方法能帮助你减轻负性情绪。

请分享你设计的装置，它是如何帮助气球尽可能不受压力影响的。

这些符号或图案会产生怎样的心理暗示，让你保持积极心态？

……

静心绘

周围的压力天空不断施压，此时此刻你的心情气球将何去何从？同学们可以给气球画一个可以到达的场景，这个场景相对来说是比较舒服的地方，比如：在你的身边有没有压力大时可以放松身心的地方？这些地方也许可以帮你发泄负性情绪，也许能让你感到轻松愉悦……你也可以让自己的气球继续在天空中一直飘浮。

……

畅心议

你画的这些（个）地方具体指什么？在这里曾经发生过怎样的故事？给你带来了怎样的感受？

如果你想让自己的气球一直飘浮，也请说一说你的原因。

……

慧心思

现在请同学们小组内互相交流一下自己的心情气球，记录一下有没有获得新的减压小妙招，然后再回过头来看看最初的压力天空，你现在会给它打几分？

总结：心情气球可能遇到蓝天、白云，也可能遇到乌云密布，当我们保持足够强大的内心，以一种积极的视角正视压力时，便不再惧怕压力的天空。除此之外，善于借助外界支持也同样可以给气球注入源源不断的能量，在高压的天空下，依旧自由地飘浮或降落。

教学反思

本节课的教学设计，在选材上特别关注其操作性、实效性及趣味性。在内容上，整个教学过程围绕"学习压力下的气球"到"能量满满的气球"这条主线展开，营造积极愉快的学习氛围，融入有效应对压力的方法策略。在教学方法上，以绘画表达为载体，给学生感悟和充分表达的机会、可观可感的课堂体验。其中"静心绘"部分，能够帮助学生觉察和梳理自己遇到或正在经历的学习压力来源，正视学习压力，同时发掘自己内在力量和外部资源来积极应对学习压力，由此达成教学目标。通过小组讨论调动团体的力量，引导学生学习具体的策略，达成对重点、难点的理解和掌握。在本课尾声部分，通过引导学生回顾自己的心路历程，发现成长带来的强大内心，升华本课主题。

作品与解读

作者：刘心彤

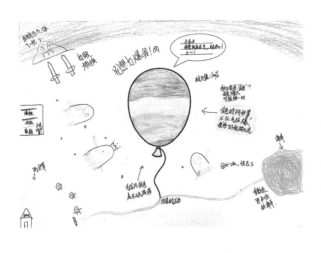

我给我的气球加了一个金色的保护罩，之所以用金色是因为金色力量最大，可以阻挡一切让我感到有压力的东西。而在现实生活中，这层金色的防护罩其实就是我们内心积极乐观的态度产生的强大力量。我用彩虹色来表示压力天空下气球的内心依旧元气满满。

作者：潘安诺

我的气球处在压力的天空，当压力很大时我感觉它就像一堵无形的墙，压得我无处可逃，喘不过气来。加之我们有时会听到来自父母的期待，来自别人不好的评价，就像一根根刺扎在气球上，加快了气球的破裂。背上的来自学业压力的重重的书包，压得它根本不能自由飘浮。不过，朋友们的鼓励还是可以给予我呵护。为自己加油，奥利给！

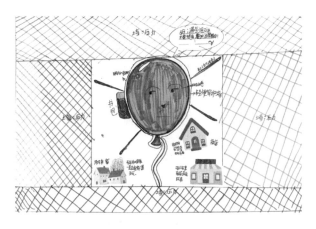

作者：王梓涵

天空中不仅有闪电、雨水，还有雪花，这些都是我学习压力的来源，比如我数学不好，害怕背书，还有自己的粗心和父母过高的期待。但是每当我因为压力山大不开心时，我的朋友会陪伴我，老师会鼓励我，这会给我带来一些能量，给我加上一层保护层来面对压力。

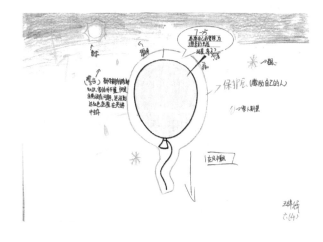

（上海市黄兴学校　赵思迪）

和学习焦虑面对面

教学目标：了解学习焦虑的普遍性，知晓产生学习焦虑的原因，学习积极应对学习焦虑的方法。

课　　时：2课时

教学准备：彩色笔、A4纸

教学过程：

暖心导

你会将学习和哪些情绪联系起来？如果用色彩表示，那会是什么颜色？

……

据学校调研结果，当问及"有哪些事件会引发你的焦虑情绪"时，有72.7%的学生选择学习，看来学习是引发焦虑的主要因素。下面，让我们一起走近学习焦虑。

静心绘

"四格漫画"画学习焦虑

请同学们将手中的纸一折四，现在请你用一种或几种颜色把这种焦虑情绪记录下来，涂鸦在第一格上。

……

畅心议

你用了什么颜色？请说一说你的理由。

你觉得哪种（几种）颜色最能表达你的学习焦虑？

看了同学们的填涂，大家有没有新的发现？

焦虑情绪对你产生了什么样的影响？

焦虑是一种综合的情绪状态，就像一棵树的根，会伸展出许多根系，这种状态可能带来不安、愤怒、失落等情绪体验。学习焦虑是青少年较为普遍的一种情绪体验。

焦虑的积极作用：适度焦虑能够促使我们更努力地投入学习，使学习效率达到最佳状态。从焦虑情绪的功能来看，焦虑具有一定的警醒作用。同时，适度焦虑可以激发潜能和创造力。

焦虑的消极作用：焦虑状态如若一直充斥于我们的内心，会给我们带来诸多负性情绪的体验，影响正常的学习生活和学业水平的发挥。

静心绘

引发我们学习焦虑的是什么呢？

在第二格漫画中，请你画出与学习焦虑相关的事件，可以用符号或者文字等。

……

畅心议

在刚才引发我们学习焦虑的事件中，有没有这样的情况：

（1）从自己的意愿出发，绝对化地去判断一些事情，如给自己断定一个糟糕的结果。

（2）以偏概全地概括一些结论，如因为一次考分低就完全否定自己。

（3）把情况想象得无比糟糕。这时，我们不妨问问自己：如果自己预料的结果发生了会怎么样？家人和朋友可能会对自己说些什么？你有没有发现，即使我们设想的最糟糕的情况发生了，也不过如此。

当焦虑情绪来临时，我们可以听听自己心底的声音。焦虑背后又是怎样的一种需求呢？

……

焦虑背后可能是我们害怕失败、担心受到批评……，也有可能它就是莫名其妙地发生了。找到引发焦虑情绪的真正原因后，我们就可以尝试着积极应对。

静心绘

在第三格漫画中，请你画一画你通常的应对方式。

……

畅心议

这些方式是否有效？请你分别介绍一下。

请你介绍一个对你而言最行之有效的管理焦虑情绪的方法。其他同学的介绍对你有什么启发？

应对焦虑情绪的方法：

（1）合理宣泄情绪，接纳焦虑情绪。

（2）正视焦虑事件，建构积极认知。

（3）找寻自身资源，建立成长思维。

静心绘

在第四格漫画中，请你描绘一下当你采取了一些方式应对后，你的心情可能会发生的变化。

畅心议

你的心情发生了哪些变化？这样的变化是你希望的吗？如果不是，你能说说你有怎样的期待吗？

生活中有没有发生过你期待的转变？如果没有，可能的原因是什么？

慧心思

"四格漫画"话心情故事：请你把"四格漫画"串联成一个属于自己的"心·晴"故事，这个故事的主题是"我的情绪我做主"。

……

总结：小小的四格漫画有一种神奇的力量，让我们感受和接纳自己的焦虑情绪，看到内心的需求，挖掘自身的潜能和外部的支持。当我们的"心·晴"故事完成时，你会发现我的情绪我可以做主。

教学反思

焦虑是青少年最为常见的情绪体验之一。青少年时常会因为考试、学业、人际交往等相关事件而产生焦虑情绪。本课以表达性绘画为主线，让学生在感受和表达由学习引发的焦虑情绪的同时，发现和寻找自己管理情绪的方法。

情绪是一种主观体验，本课以"四格漫画"活动为主线，引导学生走进自己的情绪世界。通过色彩的涂鸦来表达焦虑情绪，以寻找引发学习焦虑的原因，尝试挖掘自己现有的资源应用于情绪的管理。录课之前，笔者找了几位无绘画特长的孩子参与该活动。孩子们都觉得很有趣，通过绘画，对焦虑情绪的成因有了更清晰的认识，也为自己寻找管理焦虑情绪的方法提供了帮助。

焦虑情绪的管理首先在于接纳，让学生不因为自己的焦虑而更焦虑。因此，绘画本身就是舒展身心的一种方式。在完成绘画以后，我又设计了让学生述说"心·晴"故事的环节，在绘画表达的基础上增加了语言表达，"心·晴"一语双关，也预示着情绪的由阴转晴，这一过程自然是情绪管理的过程。在命题故事的叙述中，孩子们能从自己情绪色彩的变化中，寻找情绪管理的有效方法。这一体验本身就是成长型思维的培养，收效甚佳。对最后一格的释义，焦虑情绪也许还在，但是很多同学对待它的视角和心情发生了改变。有的学生在作品中留白，需要教师加以关注，进一步探讨。

作品与解读

作者：蒋怡雯

第一格漫画中渐变的红色代表着我既紧张又激动的心情；第二格中令我焦虑的是考试成绩和妈妈的唠叨；我喜欢音乐，每每想起好听的音乐，我的心情就会放松。另外，设定新的目标也可以让自己做事的方向更明确。

作者：吴迪

第一格中绿色的帽子表示压力，压在那颗心上，这是一颗有爱的心，但是却裂开了；第二格中的符号表示数学折磨着我；第三格中画的是我的一个玩偶，它可以陪伴我；第四格中交织的线条就像烟花一样。

作者：周佩怡

焦虑就像龙卷风，而我就是那棵小树；引发焦虑的是考试成绩；面对焦虑我会找朋友述说，也会亲近大自然；我希望通过自己的努力能够获得进步。

送你一朵"小红花"

教学目标：梳理考后的情绪，掌握合理归因的方法，为自己的学习成长赋能。

课　　时：2课时

教学准备：A4纸、彩笔

教学过程：

暖心导

请同学们闭上眼睛，均匀地调整呼吸（音乐），在我们小小的脑海中会散落着点滴的儿时回忆，你还记得儿时的小红花吗？在幼儿园的时候，它是对我们积极举手的鼓励，是对我们积极参与活动游戏的鼓励，每到周五都特别期待有这样的一朵"小红花"。渐渐地，我们长大了，这朵"小红花"也越来越久远，仅仅存于记忆中。其实，慢慢成长的我们也需要这样的一朵"小红花"。

如果现在的你也可以拥有一朵属于你的"小红花"，这朵"小红花"代表这次考试之后自己的情绪之花，你觉得这朵"小红花"是什么样的？

静心绘

请同学们慢慢睁开眼睛，静静地想一想：它是一朵怎样的"小红花"？里面会有什么？这朵"小红花"是什么颜色的？

"小红花"也许只是你童年的回忆，那现在属于你的"小红花"是什么样的？

请根据你想表述的具体内容，想一想这朵"小红花"的形状、色彩、大小等，它可以是现实生活中花朵的模样，也可以是你自己的构思创作。

为何用这种颜色来代表你的"小红花"？

考试结果的得与失，带给你影响最大的情绪是什么？

请尝试分析下考试结果得失背后的原因。

畅心议

我们一起梳理了考试后的情绪，分别代表着不同颜色的"小红花"，可以帮助自己更合理地看待考试结果。同时，我们尝试着找出背后原因的过程，即"归因"，可以更合理地看待不同的考试结果。但是，每个人会有不同的归因方式，有可能归因于外部（环境、任务难度等），也有可能归因于内部（个人努力、能力等）。

总体而言，归因分为以下几类：

失：归因能力——丧失信心，产生畏难心理。

归因努力——重新燃起斗志，为后续而努力。

归因运气——学习动机弱，对未来不抱期望。

归因外界——失去信心，期望降低。

得：归因能力——建立强烈的自信心，以后会加倍努力。

归因努力——获得成就感，感受到满意。

归因运气——缺乏自我认可，难以有持续的学习动力。

归因外界——成就感减弱。

因此，我们以合理的归因方式去看待考试得失的时候，收获的"小红花"也不一样。

静心绘

现在，想一想这次考试的得与失，请你再次观察这朵"小红花"，是你期待的样子吗？如果不是的话，你还可以为自己的这朵"小红花"添加新的装饰元素并给它命名。因为它是你对自己付出的努力和为梦想不断坚持的心路历程的点赞。

畅心议

现在你的这朵"小红花"会有怎样的变化？

想一想为何添加这些新的装饰元素，你觉得这些装饰元素分别代表什么？

如果尝试给这朵"小红花"起个名字，你喜欢叫它什么？请具体说一说这个名字的含义。

慧心思

你的"小红花"会对你说什么？

你如何与它相处？此刻你会和"小红花"说些什么？

总结：同学们，我们在考试成绩出来之后制作的这朵"小红花"表达了内心最真实的感受，无论是开心、难过、失落、惊讶……这些感受都是成长中的色彩。请别忘了抱抱自己，可以送给自己一朵"小红花"，因为不管怎样，我们都是"追梦人"，在一次一次的努力与尝试中，不断突破自我，激发自我潜能，绽放属于自己的色彩。当然，不要忘记当身边的人有需要时，微笑着对对方说："送你一朵小红花"，让我们成为彼此生命中那抹最温暖的颜色。

教学反思

考试辅导在心理活动课中比较常见，但是多数课程聚焦在考前情绪疏导、考试焦虑等主题，本课将考试结果比喻成"小红花"，因为一方面"小红花"指的是对考试成果的肯定（无论成功或失败）；另一方面，通过绘制"小红花"的色彩、形状等，让学生表达并澄清考后的情绪。两次的绘制过程，让学生感受到积极正向的成长型思维模式，学会如何去寻找考试成败的原因，进行合理归因，并投入积极的行动，后续一定会收获成功！

本节课可以在"考前心理辅导"的内容基础上再开展，教师在授课设计中加入"现在的你想对他说什么"这一环节，采用叙事的方式描述自己考后的心情故事，把问题与人分开，重新建构我与情绪的关系，为今后的学习与成长带来更多的可能性。

作品与解读

《欣喜·遗憾·希望》

作者：朱涵毓

这朵花的花瓣上方是红色和粉色，下方是紫色和蓝色，花托为绿色；红色和粉色代表的是欣喜，紫色和蓝色代表失落、遗憾，绿色代表希望。因为在我看来：在失落、遗憾的灰色雨水中，尽管它会经历一次次的风吹雨打，但依然可以安然绽放绚丽的花朵，努力并坚持，向阳而生，不畏风雨，每一次的遗憾或许就是下一次的希望。

《星　辰》

作者：陈思嘉

这朵花由深蓝色、白色、绿色三种颜色组成，像令人向往的浩瀚星空，充满未知，也有许多的惊喜等待我去探索和发现。白色的圆圈就像闪亮的繁星，我还有许多未知的潜能，它们可以照亮我学习的道路。绿色代表我期待与它一起共舞，这样就可以品味到美味可口的"小蛋糕"。当我们以这样的视角看待考试结果时，一切都变得有趣起来。

《光之蕊》

作者：武子馨

这朵花是蓝紫色的，蓝色的花瓣呈现弧形，代表我满意、开心的情绪；紫色的花瓣呈现锯齿形，代表我还不够满意、懊恼的情绪，所以这朵花由两种色彩构成。我想说的是："尽管会有一些黑暗时刻，但这条道路中会有一个阶梯，它会带给我一丝光亮，这个光亮可以治愈紫色的花瓣，让花朵重新绽放属于自己的色彩。"

《辛勤之果》

作者：付梓萱

这朵"小红花"是五彩斑斓的，也代表着不同的心情，但以红色为主旋律，因为考完后我的内心还是比较兴奋、喜悦的。我感谢自己一路以来的努力，鼓励自己一路"奔波"，便画了花朵里这只可爱的小蜜蜂。和它一样辛勤耕耘，并保持积极乐观的心态，就可以收获丰硕的果实。

（莘松中学　徐柏露）

叫停学习中的"走神"

教学目标：了解影响学习专注力的干扰因素，学会启动自身的自控按钮，学习提升学习专注力的方法。

课　　时：1课时

教学准备：A4纸、彩笔

教学过程：

暖心导

小动画：阿通的故事

阿通是一个在学习过程中经常会开小差的孩子，在他身上有没有你的影子呢？哪些因素会影响我们的学习专注力？

学习目标不明确、无法抵抗外界的干扰、自身意志力较差、情绪状态不佳等都会影响我们的学习专注力。学习自控力是通过一些适用于自身学习的方法来抵制诱惑、调控自己的学习行为，从而达成学习目标的一种能力。今天，我们就要启动一下这个自控按钮。

静心绘

如果这个自控按钮真实存在，它会是什么样子的呢？我们知道，生活中有很多标识，这些标识会提醒我们或者阻止我们从事某些活动，有时也会为我们指明清晰的方向，诸如交通标识牌、建筑标志牌等。现在，我们要为自己设计这样一张标识，它是启动我们学习专注力的一个按钮，提醒我们向神游的自己喊停。

在开始绘制它之前，我们先静下心来想一想，这个标识上可以呈现哪些具体内容。也许上面有自己较清晰的学习目标，也许上面有鼓励自己的一些话语，也许上面有让自己励志的卡通图案……如果你想好了，就开始动笔吧！

畅心议

请你介绍一下标识的具体内容，它们有哪些功能。

你的这个自控按钮有什么特别之处？请具体介绍一下。

同学的介绍给了你哪些启发？

你觉得要提升自己的专注力，最需要关注的是哪些？

你觉得要提升自己的专注力，最需要排除哪些干扰源？

慧心思

如何提升学习专注力？

设定学习目标（目标要适切，具体可行）；

挖掘"我想要"的力量，培养内部动机；

激发"我不要"的力量，隔离外界干扰源；

舒缓情绪，劳逸结合；

发挥榜样的力量；

……

总结：每个人的大脑中都可能住着一位天使和一个小恶魔。前者是理性积极的自己，往往会督促自己去做一些有意义的事，如把好好学习作为自觉行动；后者是自由散漫又爱玩的自己，每当你专心做一件事情时，它总会时不时冒出来拖你后腿。今天，我们为自己缔造了一个自控按钮，当小恶魔钻出来的时候，我们可以及时喊停，启动自我管理的力量。让我们尝试将自控进行到底。

教学反思

上本课时，恰逢学校进入线上教学阶段，因此提升学生上网课的自控力就显得尤为重要。本课通过设计自控力按钮，发挥学生的想象力和创造力，以标识的形式帮助学生澄清哪些是影响自制力的外部干扰，诸如宅家时不端的上课坐姿、随意摆放的零食、触手可及的电子产品等，从而从客观环境上排除自己的干扰源。同时，可以设定阶段目标来激励自己，以此唤醒每个孩子内心那个

积极向上的自己。在互动环节，教师特别需要挖掘孩子自身在克服干扰方面的
成功经验，这对其提升自控力是最切实有效的举措。

.

作品与解读

总能在伤心、开小差时想
到它，让自己平静下来！

作者：罗煜文

在伤心、开小差的时候想到它，总能让自己平
静下来。

作者：于煊博

只有在课堂上集中注意力，才能让自己变得更好。

团体活动篇

"绘"润心理课

多彩调色盘

活动目标：识别和感受不同的情绪，认识情绪的复杂性。

活动形式：主题绘画

活动准备：调色板、纸盘、颜料、画笔、水桶、黑水笔、学习单

活动过程：

1. 涂调色盘

请同学们选择四种最能代表喜怒哀惧的颜色来表示这四种情绪带来的感受，把它涂在调色盘的指定位置，在学习单上写一写是什么样的情绪体验让你选用这种颜色。

2. 添涂颜色

请同学们随意添加一种或多种其他色彩来表示复合情绪，并在学习单上记录你先后加入了哪些色彩，寓意着什么。

3. 补充情绪

除了老师给出的情绪外，请同学们自己补充两种经常体会到的、印象最深刻的情绪，填在两个空格中，并在横线上为这两种情绪命名再涂上相应颜色。

4. 填写学习单

在学习单中分别写一写，你为了调色补充的两种情绪，先后加入了哪些色彩，寓意着什么。

5. 制作情绪转盘

现在同学们都有一个属于自己的情绪彩色盘了，请大家将老师准备的小指针安装在自己的盘子上，使它可以自由转动。制作好转盘后，试试与周围的小伙伴玩一玩"转盘话情绪"游戏吧。

游戏规则：指针随机停留在一种颜色上，请你围绕这种情绪讲一讲。

（1）结合自己的体验想一想，生活中有哪些具体的事情可能引发这种情绪。

（2）这种情绪的存在有什么意义？

（3）当你感受到这种情绪时，你是如何恰当表达或者管理这种情绪的？

（4）如果指针恰好停留在两种情绪之间，又会是怎样的经历和体验呢？

……

总结：完成了自己的情绪调色盘后，你会发现，不管是冷色系还是暖色系，都是情绪盘的一部分，每种情绪都有不同的感受，也有其存在的意义。每个人对情绪的体验和感受也不同。正是这些情绪的存在，才让我们感受到生活的细腻与缤纷。更好地管理情绪，从理解和接纳自己的情绪开始。

作品与解读

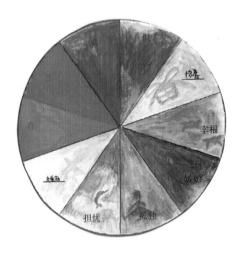

作者：苏米

我不仅用不同的颜色表示了心中对不同情绪的感受，我还用相同颜色的笔触在每一格情绪中画出了自己联想到的一些事物：和爸爸妈妈去爬山时看到的那棵孤独的深蓝色松树，还有过生日时收到的金黄色礼物，它们好像从我的记忆中一涌而出……

颜色		寓意
喜:		喜悦能给人带来前进的动力，就像月色充满希望
怒:		愤怒就像火山爆发时的红色岩浆.
哀:		悲哀的时候，就像陷入一片深渊之中无法自拔.
惧:		恐惧的颜色很特别，就像看恐怖片，既害怕又忍住好奇继续看两眼.

作者：董静怡

给喜怒哀惧选择颜色，我的脑海中一下子就浮现出了这样的场景：喜悦就是凡事都有希望，是绿色的；愤怒就像岩浆，而且会波及无辜；悲哀是阴沉的黑，无边无际；恐惧对我来说就像看恐怖片，既害怕又忍不住好奇接着看，很复杂的感觉，很特别的颜色。

作者：王雪莲

	颜色			寓意
幸福:				既有旧有很幸福.
嫉妒:				惧怕别人气超越自己.
孤独:				孤僻
担忧:				担忧成真，会让你特别的惊慌，害怕着前几天也会很愁苦
补充1:				希希望迎接未来
补充2:				当你愤怒内心最使难过时，你会让自己平静下来.

我很喜欢调色这个环节，因为感觉有些情绪是复杂的，我不能用一个词语去形容它。比如，当我失落的时候，虽然我会沉浸在无尽的难过中，我用蓝色表示忧郁的泪水，但是心底里我也希望自己早日走出来，于是给其中加了一抹绿色的希望，最终呈现的颜色也很奇妙、很有趣。

恰似你的心情

活动目标：通过制作掐丝珐琅画，觉察并接纳当下的情绪状态，通过讲述故事表达内心的感受。

活动形式：主题绘画

活动准备：画框、画板、金丝、彩沙、胶水、制作工具、覆膜胶水等。

活动过程：

1. 绘画表达心理讲座

由心理教师就绘画表达心理做分析指导。

2. 掐丝珐琅画技术讲解

美术教师讲解掐丝珐琅画制作步骤：设计制图→描图→掐丝→上色→固定，提醒学生注意事项。给学生提供打印好的带背胶的纸，方便粘到画板上，然后在广告纸上直接粘丝，省去设计纸图和描图工序。

3. 教师与学生合作掐丝环节

（1）丝线事先要捋直，圆珠笔或其他圆滑一点的物体表面，握着，沿着丝线拉一下，将丝线捋直，掐出的线条流畅好看。

（2）图案转角处配合使用镊子，这样才能制作得圆滑。

（3）叶子的尖端要有一点弧度，可以参考一些花卉的素描细节。

（4）人物的手、脚、面部、指甲处一定要处理好弧度，否则不好看。

（5）粘丝胶涂到画板上时不要着急粘丝，等到胶水干了再粘丝，这样既干净又牢固。等待时间为5～10分钟。

（6）金丝要密封，粘完丝线后要检查，不要有大缝隙，否则后面上沙时容易串色。有空隙的地方，要补滴粘丝胶密封。

4. 上沙填色封层环节

（1）上沙方法——水点蓝。调沙胶，稀释后和沙子搅拌在一起。胶水要多，保持其流动性。挑沙子上到画板上，保持画面平整，等胶水变干。

（2）用过调沙胶后必须要刷强力固沙胶，这样画面才会结实，能保持几十年不掉沙。

（3）用过固沙胶后，最好再刷一层"淋膜胶"。刷过后画面上有一层微微亮的感觉，可以起到防水圆滑的作用。画面脏了，可以用水冲洗而不会掉沙。

（4）一定要在上沙时把画面摇晃平整，或者用喷壶喷平整，后期刷上胶水后就不容易修改了。

（5）学生可以根据个人喜好、内心想法、情绪状态选择沙子的颜色。

（6）风干后用封层胶固定封层，完成作品。

5. 小组作品展示，总结交流

（1）介绍作品含义、图案及颜色用意。
（2）分享活动的感受，遇到了什么困难，自己又是怎样克服的。
（3）分享活动收获和心得体会。
（4）小组成员用不同的作品编故事分享交流。

作品与解读   作者：王雪莲

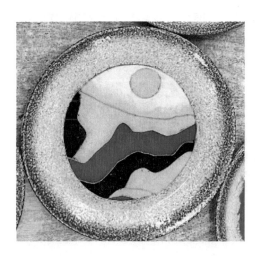

我设计的是一幅日光图。选择黄色，是因为它是阳光洒下的温暖和希望，它正在驱散心底里那一抹焦虑带来的黑暗和忧郁带来的深蓝。对于我来说，我的光源就是我的爸爸妈妈和我的朋友，在这个世界上，他们是让我感到温暖和幸福的人。所以有时一想到爱我的人和我爱的人，我会觉得学习的焦虑和忧郁都烟消云散了。

团体作品

我们将自己的作品串联起来编了一个有趣的故事：一只小猫咪走过春夏秋冬，一路上见证了夕阳西下，跋涉过重重雪山。起初它觉得自己很孤独，又很害怕前方未知的道路，但是他不断地给自己信心和勇气，学着和大自然做朋友。最终，当它战胜了恐惧和孤独时，它也遇到了自己的灵魂伴侣——小王子。其实在学习和生活中，我们所面对的也是一条孤独的前途未知的路，只有自己的内心真正强大，才能无所畏惧地勇往直前。

作者：蔡雨惠

画面上有一只戴着皇冠的小鲸鱼，它正处于一种十分悠然自得的状态。它在茫茫的海底发现了这样一只闪闪发光的小皇冠，觉得漂亮极了，就放在自己头上不断地把玩，非常开心，脸上泛起了微微的红晕。我想即使周围的环境再单调，只要我们善于发现，总会发现一些有趣的事物。

变废为宝

活动目标：了解各种情绪产生的原因，初步了解该情绪产生的积极意义，学会接纳自己的情绪。

活动形式：添画

活动准备：饼干、叶子、瓶盖等废旧材料，彩色笔，白纸。

活动过程：

1. 单独添画

（1）教师将废旧材料随机发放给学生，请学生在此基础上进行创意添画。

（2）本次创意添画的主题将围绕情绪展开，请同学们想一想在生活中，这种情绪有什么样的积极意义。

（3）请同学们选择一种情绪，将脑海中的画面以创意添画的形式表达出来。

（4）请给自己的作品命名，并分享你的创作。

（5）请同学们思考：在创作的过程中，当老师要求你用随机分配的废弃材料创作一幅画时，你有什么感受？经过自己的一番创作，看到自己的作品又是什么感觉？

2. 团体添画

（1）请同学们在个人作品完成后，将作品放在更大的白板上，以小组为单位，进行排列组合。

（2）当我们将组内所有成员的情绪结合在一起时，又会碰撞出怎样的火花？请你们通过编故事的方式表达心中的感受。

（3）给你们团队的作品命名，并简单介绍包含了哪些情绪。

（4）请结合生活实际，试着用组内的多种情绪编一个故事，看看哪个小组的故事最精彩。

（5）请同学们思考：在团体合作中你们遇到过哪些困难？是否出现过分歧？你们是怎么解决的？

总结：原本黯然失色的边角余料经过大家心灵手巧的创作，竟然变得焕然一新，通过你们的作品我也看到了原来每一种情绪都有其存在的价值。当我们体验了变废为宝的过程后，会发现其实学习和生活中的许多难题，尝试打破思维定式就可以巧妙地解决。

作品与解读

《愉快的郊游》

作者：杨译天

这幅画我用了花瓣，我想到的是愉悦的情绪。记得有一次和家人外出郊游，天气很好，恰到好处的微风正好适合我们放风筝，当时我的心情非常愉悦，把烦恼都抛在了脑后。那时候快考试了，外出郊游在一定程度上减缓了我的压力。

《钓鱼图》

作者：郭翼祥

我拿到了老师随机分配的回形针，一开始我并没有头绪，就在手里反复把弄这颗回形针。后来我无意间把回形针的一端拉直了，好像爸爸的鱼钩，于是我突然来了灵感，创作除了这幅钓鱼图。我很佩服爸爸那种平静的心态，如果每个人都能让自己时常保持平静，我们就不会因为一点小事就产生很大的情绪波动。

《跌宕起伏的一天》

团体作品

我们小组的情绪有尴尬、紧张、焦虑、开心、愉快……在编故事的时候，由于我们每个人的情绪都不相同，所以产生了很多分歧。当大家一筹莫展的时候，我提议干脆就来个剧情大反转，只有想不到没有做不到。其实故事虽然是故事，但是在现实生活中，如果一个人真的一天之内经历这么多的事情，情绪产生如此大的波动，会对身心健康带来很大的负面影响。所以，学习管理情绪的能力很重要。

情绪急救箱

活动目标：学会接纳负性情绪，积极面对有困难、有差异的环境。

活动形式：主题绘画

活动准备：彩布、彩色吸管、彩色笔、彩线、彩色纽扣、剪刀、胶水、黑色笔、白色卡纸若干

活动过程：

1. 抽取媒材

请每个小组派一位代表抽取你们的主要媒材。每个小组相同的材料有彩色笔、剪刀、胶水、白色卡纸若干。其中一个小组会特别幸运，可以选以下任意一种或几种材料：① 塑料吸管；② 彩布；③ 彩色笔；④ 彩线；⑤ 纽扣。

2. 思考讨论

当悲伤、孤独、焦虑、愤怒、恐惧等负性情绪来临时，你有什么感受呢？

3. 设计急救箱

大家开动脑筋想一想，急救箱里可以放哪些物品来缓解我们的负性情绪呢？可以是一个真实存在的具有某种功能的物品，也可以是想象创造出来的有某种超能力的物品。内容不限，形式不限。

4. 分享你的盲盒设计理念

（1）名称：你们小组设计的盲盒名字叫什么？

（2）标语：一句话概括盲盒的特点。

（3）成分：盲盒包含着哪些积极的能量或元素？

（4）功能：盲盒可以减少哪些负性情绪？

（5）用法：盲盒能够如何帮助我们"治愈"负性情绪？

5. 赠送盲盒

如果让你把盲盒送给一位需要的人，你会将这个盲盒送给谁？为什么？
（可以是给自己）

总结：生活也许不是时时刻刻都让人满意和开心的，有时我们会陷入悲
伤或焦虑，但是请同学们相信，每个人都具备情绪管理能力，接纳它并且应对
它。希望你们都可以找到适合自己的情绪调节方式。让我们和自己设计的千变
万化的"情绪急救箱"盲盒共同成长吧！

作品与解读

作者：王梓涵

名称：抑郁保护伞

标语：别害怕，这世界总有人爱着你。

成分：负能量过滤器、安全感保护罩。

功能：当你感到心情压抑，你会发现
沉重的泪水变成了地上美丽的涟漪。

用法：想流泪时，不妨躲到这个伞里，
这个伞中有许多过滤器，粉色的是好朋友
的安慰，绿色的是自己的优势，白色的是
暂时的宁静。你也可以在保护伞里添加其
他东西，它们会一起保护你成长。

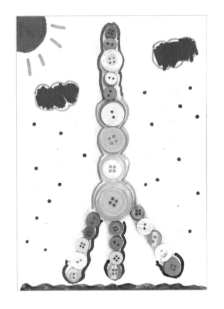

作者：王晓蕾、赵文嘉、陈欣妍

名称：发射塔

标语：请接收开心的信号吧!

成分：积极电波、don't care 信号、正能量支持系统。

功能：主要适用于处理人际交往、学习生活中遇到困难时糟糕的情绪。

用法：向发射塔倾诉，倾诉完便可接收到发射塔返回的快乐信号。

作者：刘海若、韩莹、肖子雯、李浩宇、潘维诚、郑博文

名称：玛卡巴卡心灵乐园

标语：治愈孤独的一方净土

成分：展望未来树、叮咚唱歌河、转移注意花

功能：主治孤独情绪，独处时可以来玛卡巴卡心灵乐园逛一逛。

用法：展望未来树可以让你静下心来多思考自己；叮咚唱歌河就像动画中欢快的玛卡巴卡一样，提醒我们别忘记身边的美景；转移注意花的鲜艳和芬芳提醒我们，多找找有趣的新鲜的事情，也许能更快走出孤独。

心中有情　画中有诗

活动目标：能够换种角度感受和理解负性情绪。

活动形式：团体主题画

活动准备：彩笔、黑水笔、A4纸绘图模板

活动过程：

1. 随性涂鸦九宫格

请同学们在九宫格绘图模板中，用黑水笔随性涂鸦来释放最近心中一些不愉快的情绪，尽量让九宫格的每个格子都有线条的笔迹。

2. 交换交流

请与同桌相互交换涂鸦作品，并互相分享所描绘的情绪。

3. 二次涂绘

看到这些看似不规则的涂鸦，在你的第一印象中它比较像什么图案？请你以自己的第一印象为主，用彩色笔把你联想到的图案涂绘得更清晰一些。

4. 提炼关键词

勾勒涂绘后，请你观察一下现在的图案，你有什么新的发现吗？请把你看到的所有图案以关键词的形式提炼到右侧方框的相应位置。

5. 创作小短诗

请你用提炼的多个关键词，在方框中创作一首积极赋能的小短诗，鼓励一下你的同桌。

……

总结：在生活中，同学们也许会时不时遇到一些不顺心和不如意的事，也许会被一时的糟糕情绪所困扰，但是我们可以试着以旁观者的角度换一种积极的视角看待它。你会发现，任何情绪的出现都会有它存在的意义。比如愤怒，它有破坏性，但当我们厘清头绪后就会发现，它是一种自我需求的表达，合理利用好它可以转化成强大的推动力。从随意涂鸦到生成图案，再到创作成长小诗，我们充分运用智慧、切换积极视角，就能不断发现和创造意想不到的小惊喜，感悟成长。

作品与解读

作者：吴舒曼

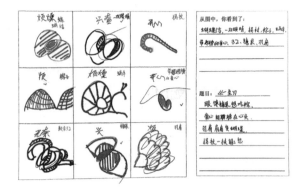

虽然原本纸上是一些凌乱的笔记，一些坏情绪的宣泄，但是从我的视角出发，我看到了可爱的蝴蝶结、带翅膀的小爱心、糖果等十分美好的东西，正如我的诗句中最后一句所说，我的烦恼仿佛烟消云散了。

作者：左键宁

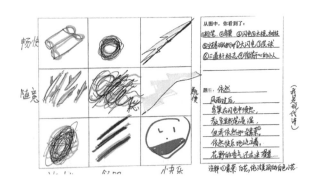

从图中我看到了粉笔、鸟巢等，不太会作古诗的我，用一首现代诗《依然》来表达内心的想法。风雨其实就是我们平时会经历的困难和挫折，我希望能一直保持这种积极乐观的心态，用心去感受生活的美好。

手印连连看

活动目标：开启探索自我之旅，理解自己的情绪，试着体察他人的感受。

活动形式：添画

活动准备：彩笔、黑水笔、A4纸、4k纸

活动过程：

1. 画手印

请同学们拿出A4纸，伸出左手，五指张开，把手放在A4纸上，用水彩笔画出自己的手印，然后在自己的手印上依次完成下面的指令：

（1）当你生气时，你会怎样想、怎样做？

（2）当你难过时，你会怎样想、怎样做？

（3）当你孤独时，你会怎样想、怎样做？

（4）当你开心时，你会怎样想、怎样做？

（5）当你恐惧时，你会怎样想、怎样做？

（6）在手掌心用一句话来描述自己对情绪的理解。

2. 互相交流

请你根据手印内容选择一个你最想搭档的小伙伴，并将你的掌印与他（她）的掌印匹配在一起，互相交流自己手印中的各项内容，说说为什么选择对方。

3. 互相涂色

请你们在小伙伴的手背面，用一些颜色表示自己对小伙伴的感受：

你觉得什么颜色比较符合他（她）带给你的感觉？（清新的绿色，热情的红色，还是五颜六色？）每一个手指有没有什么独特的地方？等等。请你为这个手掌涂上颜色，并向伙伴说明用意。

4. 评判小伙伴对自己的评价

双方互相交换，拿回属于自己的手印。小伙伴对你的评价或感受是否符合自己的预期？如果十分符合，你的心情如何？

5. 分析原因

如发现双方评价和感受有很大的出入，可能是什么原因？你会做些什么？

6. 组合手印画

我们每个人表达自己情绪的方式都不一样，想要和谐相处，我们不仅需要理解自己情绪背后的内在需求，也需要去体察身边人的感受。请同学们现在自由结合，用大家的手印组成一幅更大的手印画吧。

总结：每个手印图案的形状、颜色、内容都是不一样，这让我们看到自己的内在需求，了解自己的独特性。当然，如果我们可以在了解自己的基础上更好地体察身边人的感受，就会像大家最后的作品一样美好而和谐。

作品与解读

（图一）

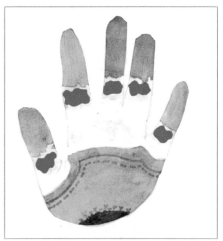

（图二）

个 人 作 品

我不开心的时候会做做手工；当我恐惧时，我会觉得我高高大大的个子能够给我很多平复心情的力量；我觉得我脾气很好。我与我的小伙伴交流时，她说我是一个热情阳光的人，用暖暖的黄色和活力的橙色描绘了我的掌印。我想我的乐观和积极也许会给他人带来满满的正能量。我会继续做好自己，像温暖的小太阳一样。（图一）

看到这位同学的描述，我便对他十分感兴趣。我喜欢他的平静和淡定。虽然他在文字中形容自己平平无奇，但我觉得这是他谦虚的表现。通过交流，我知道他跑步很厉害，不开心时总会去运动。我很欣赏他这种调节自己情绪的方式，这也给我带来了许多力量，所以我在背面画了绿色，代表他平静的心态，破土而出的幼苗，代表他正在蓄势待发。（图二）

《在春天里》

团体作品

四个不同的手印就是一朵太阳花，寓意阳光与活力。在春天里，万物复苏，草丛里有小猫咪和小熊，远处有五光十色的彩虹和高高飘扬的气球，一切都是那么美好惬意。我们每个人都能够去容纳对方的不同，虽然画面看起来有一些突兀的地方，但是每个成员都学着去体察黑色的失落、五彩的激动、纯白的平静……正是这些拉紧了我们的联系！

《手牵手一起走》

团体作品

来自不同同学的手印仿佛有了生命，他们在空中飘舞着，相聚于此，脸上洋溢着兴奋与幸福的笑容。手印从画面的左下角延伸到画面的右上角，这是我们友情的传递。我们在板上签了名字，一个大爱心把我们聚在一起，我们理解了对方，会更喜欢对方，友谊使我们坚不可摧。

玩转情绪涂鸦

活动目标：感受自己的情绪，放松心情，抒发和表达自己的情绪。

活动形式：自由绘画

活动准备：A3纸、A4纸、胶水、油画棒。

活动过程：

1. 心情准备

请同学们调整坐姿，让自己尽可能放松下来，跟着音乐慢慢做深呼吸。

2. 涂涂乐

请你选择一种颜色，它是你喜欢的颜色，请你用它在画纸上随便涂鸦。你不用仔细思考要画什么，试一试，只需在纸上随便画。

画完后请你观察一下你的涂鸦画，想一想这种令你愉悦的色彩在自然界中可能是什么？

接着你可以再次选择其他颜色的画笔，这些颜色可以代表你的愤怒、悲伤、沮丧抑或是其他的负性情绪……现在，我们继续涂鸦。

请你放下手中的画笔，仔细端详一下你的作品，你有没有新的发现？这是一幅怎样的画面？它给你怎样的感觉？

3. 撕撕乐

请同学们将手中的画纸撕成碎片，这是一种告别，所有的负性情绪都可以尽情撕碎。

4. 贴贴乐

下面请你看一看桌上的碎片，它们是无用的、无趣的东西。现在，我们要变身为魔术师，化腐朽为神奇，将这些废纸重新组合，拼贴成一幅有意义的作品。

你可以采取以下两种方式。

方式一：在拼贴前你可以先想一想，你想要呈现的是一幅什么样的画面，并给你的作品命名。

方式二：你可以在纸上随意拼贴，等作品完成后看一看它是什么，再为它命名。

5. 分享交流

（1）你创作的是什么？怎么想到的？生活中有没有这样的场景？

（2）你对自己的作品满意吗？如果还可以添加一些元素，你想加什么？

（3）当这些废纸变成如此丰富的画面时，你有什么想对自己说的吗？

（4）你在拼贴的过程中有没有遇到困难？如果有，你是如何应对的？

总结：今天对我们来说既是一场告别，也是一次开启。我们告别的是不悦的负性情绪，因为涂鸦和撕碎本身就是一种情绪的宣泄和释放。我们开启的是积极的视角，看似没有用的东西都可能有其自身的价值。你们看，这些碎片组成了别具一格的拼贴画，你们用自己的智慧和修复力创造了又一道风景。

作品与解读

作者：吕瑶茵

这是一个手拿雨伞的少女，虽然天空有乌云、有雷暴，但是她已经做好准备，雨伞可以帮她挡风遮雨。在现实生活中，雨伞可能就是我的家人吧。

作者：伍芃然

这是一只狗，它陪伴在我左右，能够帮助我赶走糟糕的心情。刚才我看到的还是一堆乌压压的废纸，现在竟然在纸上惟妙惟肖，感觉很神奇。

作者：刘黛欣

人的心情是复杂的，时而悲伤，时而快乐。在家人的温暖下，你会感到舒适。在你难过的时候，朋友的安慰会使你放松和快乐起来。这颗彩色的心是我感受到的爱。

盲而不茫

活动目标：学会在面对失望情绪时调整目标和行动，学习在团队协作下利用现有资源创造性地完成任务。

活动形式：主题绘画

活动准备：团队分组（每组5～6人），彩笔、毛线、吸管、彩线、卷筒纸、纽扣、胶带纸、剪刀

活动过程：

1. 准备盲盒材料

每个盲盒里配有用于完成任务的材料：彩笔、胶带和剪刀是标配；毛线、吸管、彩线、卷筒纸和纽扣随机分配。

每个小组根据所抽到的盲盒材料，建造以"家"为主题的建筑，可以是平面的，也可以是立体的。

2. 提问

你们希望抽到哪个盲盒？请具体说一说理由。

3. 抽取盲盒并完成任务

请每组派一位代表来抽取盲盒，并根据所给材料完成小组任务，时间为20分钟。

4. 介绍作品

全部完成以后，请你们为这幅作品命名，每个小组派一名代表从以下方面对作品进行简单介绍：

（1）这个家给你带来了什么样的感觉？

（2）它有着什么样的寓意？

（3）你们觉得家代表着什么？

5. 思考并讨论

（1）抽取到的材料是你们所期望的吗？

如果是，在完成任务的过程中有没有遇到什么挑战？当遇到困难时，你们是怎样应对的？

如果不是，当期望与现实有落差的时候，你是什么心情？你们是如何继续完成任务的？

（2）你对本组的作品满意吗？如果满意，能具体说说你们是怎样做到的吗？如果不满意，你觉得可能的原因是什么？

（3）你对自己在本组中的表现有怎样的评价？如果还有一次机会，你觉得自己还会做哪些努力？

（4）在共同建造"家"的过程中，有没有令你印象深刻的时刻？

（5）经过活动体验后，你对"盲"和"茫"又有怎样的理解？

总结：盲盒吸引人之处在于它的不确定性，它可以给人带来惊喜，也可能给人带来失望。当茫然感和失望感向我们袭来时，我们不要盲目行动，先调整一下自己的情绪。失望感往往由预期和现实不匹配造成。一旦意识到这点，我们可以重新确定目标，在团队中不抱怨，利用现有资源重新创造，就像今天的我们可以在不断调整目标的过程中优化行动。

当然，也许你理想中心仪的材料并没有想象中那么容易完成，当失望感再次来袭时，我们需要运用自己的智慧再次调整目标，尽可能多地利用已有的资源，发挥每个成员的能力，通过目标调整、团队分工、资源优化，共同完成任务。

作品与解读

卷筒纸组作品

抽到卷筒纸时，我们都觉得很倒霉，这软软的东西怎么制作成立体的"家"呢？大家不禁面面相觑。很快，组长拿起了透明胶带开始摆弄起来。在组长的带领下，我们很快投入"战斗"中。这是我们共同建造的"家"，它代表着打开的心门，代表着一个落脚的地方。我们愿家门口到处是花海，只要一出门就遍地芬芳，尽是美好。

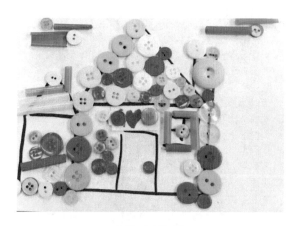

纽扣组作品

我们希望抽到吸管，但却抽到了纽扣，不过我们还是很快地"因地制宜"，设计我们的"家"。当然，还是找邻桌要了一点吸管来做配饰。我们对自己的作品还是挺满意的，它叫《糖果屋》，感觉是甜蜜快乐的。家是有"糖"的地方，家是有爱的地方。

吸管组作品

　　我们组抽到了大家都想要的吸管，但是在实际制作过程中却遇到了更大的困难，无法将立体的状态表现出来，所以我们只能制作一个结实而立体的"家"了。这个"家"空间很大，也很坚固，屋顶可以自动移动拆卸，能够在家里沐浴阳光。家的感觉是温暖的、彩色的、坚固的。

毛线组作品

　　我们组递交了两个作品：一个是小鸟的家，温暖舒适；另一个是我们的家，无论什么时候，大门总是向我们敞开着。

附录：绘画表达心理课提升初中生情绪智力的实践研究

一、研究背景和意义

（一）研究背景

1. 初中生情绪智力发展的应然

正处于青春期的初中学生，自我同一性在逐渐形成过程中，他们的情绪丰富强烈、易冲动且不稳定，同时具有内隐性的特点。情绪智力高的人更容易理解自己周围的环境，合理应对各种情况并作出正确的决定。因此，提高青少年情绪智力成为促进其身心健康发展的重要内容。

2. 区域情绪智力课程研究的实然

研究表明，情绪智力可以通过培训课、团体辅导等方式进行培养。作为上海市教委"区域心理健康教育特色课程建设"项目之一，区域情绪智力课程从2016年开始，开发了学生读本、教师辅导手册等系列课程资源。如何在原有基础上继续丰富课程内容，拓展课程实施形式，成为新的研究议题。

3. 社会环境下丰富心理健康教育课程的必然

新冠病毒感染疫情给人们的生活带来了较大的变化和挑战，初中生的社会适应力有待提升和完善。在《上海市教育委员会关于加强上海学校心理健康教育的意见》引领下，学校的心理健康课程需不断拓展形式、丰富内容，以顺应时代变化，保障实施效果。在课堂上为学生提供灵活且恰当的表达方式，让更多的学生能够沉浸于课堂体验中并有所获，是每一位心理教师追求的目标。

（二）研究意义

1. 理论意义

本研究从一线教师的视角，融合表达性艺术治疗与学校的心理健康教育课，设计以情绪智力为主题的特色心理课程并进行实施论证，为提升初中生情绪智力提供了一定的借鉴，开拓和丰富了这方面的实践。

2. 实践意义

本研究针对初中生的情绪特点，结合区域情绪智力课程的现有资源，在形式和内容上加以拓展，形成了系列课程。课程在学生的情绪辅导方面产生了一定的效果，具有可操作性。

二、国内外研究综述

绘画表达是由艺术治疗发展而来的，是表达性艺术治疗中一种极具创造性的辅导手法。克莱姆认为绘画表达是建立了一座与潜意识沟通的桥梁，对个体的心理起到了升华整合的作用。[1]

"情绪智力"概念最初于1990年提出。1997年彼得·沙洛维（Peter Salovey）和约翰·迈耶（John Mayer）提出了情绪智力的四因素16变量的结构模型[2]。我国情绪智力的研究者卢家楣教授提出的从操作和对象两个维度的结合上来确定情绪智力成分的观点颇具新意，且能较完整地涵盖情绪智力概念的内涵与外延，具有很强的参考价值[3]。

得益于绘画与情绪的紧密联系，绘画表达在情绪领域有较多应用。国外相关研究表明，不同形式的涂鸦填色均能降低4~6年级学生的考试焦虑水平。[4]

[1] KRAMER E. Art therapy in a children's community: a study of the function of art therapy in the treatment program of Wiltwyck School for Boys[M]. Springfield: Charles C. Thomas Publisher, 1958: 6–7.

[2] Mayer, Caruso, Salovey. Emotional intelligence meets traditional standards for intelligence[J]. Intelligence, 2000, 27(4): 232–242.

[3] 卢家楣.对情绪智力概念的探讨［J］.心理科学，2005，28（5）：1246–1249.

[4] Carsley, D., & Heath, N. L. Evaluating the effectiveness of a mindfulness coloring activity for test anxiety in children［J］. The Journal of Educational Research, 2019, 112(2): 143–151.

在中国校园背景下，绘画表达疗法同样能有效缓解焦虑等一系列情绪问题。[1]现阶段，绘画表达不仅仅应用在临床、心理咨询领域，在教育领域也开始应用，如针对青少年的心理危机、自我概念等。但是，将绘画表达与心理课堂有机结合的研究十分有限，而形成提升学生情绪智力为主题的系列课程的研究则更为缺乏。

三、核心概念界定

1. 情绪智力

情绪智力是个体识别、表达、调控情绪并能将之合理运用在学习、人际生活中的可培养的能力。结合国内外相关研究，本研究情绪智力主要依据情绪智力的能力模型[2]，将情绪智力能力模型界定如下：情绪识别能力、情绪理解能力、情绪运用能力和情绪管理能力四大因素。其中，情绪识别能力包括训练识别情绪的能力、学会识别自己和他人的不同情绪等；情绪理解能力包括提高对情绪的理解、理解个体情绪的差异等；情绪运用能力包括掌握情绪表达规则、学会更好地表达情绪等；情绪管理能力包括掌握调节情绪的方法和技巧，用适当的方式、积极的情绪营造温暖的人际环境等。

2. 绘画表达

绘画是艺术的形式之一，在心理教育中，绘画表达的艺术性已经不重要了，绘画所表达的情感是主要的。[3]绘画表达是通过自由的空间，让学生在绘画创作过程中，以绘画为工具，将潜意识的感情与冲突呈现出来，从而在心灵上、情感上、思想上释放负能量，调整心理状态的一种方法。[4]

---

[1] 严虎，陈晋东.绘画艺术疗法在缓解高三学生考试压力中的应用效果［J］.神经疾病与精神卫生，2017，17（1）：10-13.

[2] Zixiao Liu & Guohong Wu. The influence of family socioeconomic status on primary school students' emotional intelligence: the mediating effect of parenting styles and regional differences[J]. Frontiers in Psychology, 2022.

[3] 董静，石世平.绘画表达在心理教育中的实践［J］.中国电力教育，2008（9）：124-125.

[4] 严守前.巧用表达性绘画艺术　促进留守儿童语言发展［J］.内江科技，2019，40（3）：144.

3. 绘画表达心理课

绘画表达心理课,是遵循心理健康教育的发展性特点,借助绘画这一载体,以教育对象的自我探索和情感体验为主要目标的教学活动。其帮助学生觉察自己在生活中被隐藏的情绪、未表达的感受、没有叙说的想法,促进其探索、领悟或改变。[1]教师在课堂中,即是聆听者,也是发现者、引导者。本研究中的绘画表达心理课是经过精心设计的以提升情绪智力为目标的相关心理课。

四、研究目的与内容

(一)研究目的

(1)开展绘画表达心理课,丰富情绪智力课程的运用形式。

(2)采取课程干预的方式,设计并实施绘画表达心理课,提升初中生的情绪智力水平。

(3)总结研究成果,为如何提升初中生的情绪智力水平提供建议。

(二)研究对象

本研究采用整群随机抽样的方法,在上海市H学校的预初年级的班级中,选取4个班共120名学生作为被试。被试年龄在11～12岁之间,没有特殊的教育需求或发展缺陷。具体分布如下表:

	人　数	男　生	女　生
实验组	60	26	34
对照组	60	29	31

两个班作为实验组,利用心理拓展课时间对学生开展绘画表达心理课的干预;另外两个班作为对照组,正常开展心理课,不进行任何干预。由于该校以美育为特色,所以实验组和对照组的学生在实验开展前接受过同样水平的绘

---

[1] 陶元君,陶新华.绘画艺术表达在博士生团体辅导中的应用 [J].江苏教育,2020 (32):
25-26.

画表达心理课的教学。在实验进行中，实验组与对照组的学生均进行同样的初中教学活动，作息安排也基本相同。

（三）研究工具

学生情绪智力水平的测量采用华东师范大学提供的"9～14岁儿童情绪智力发展量表"。该量表包括9个维度共58道题，分为自陈式量表和任务式量表两部分。其中，自陈式量表包括情绪觉察、情绪理解、情绪表达、情绪评价四个维度共22道题，任务式量表包括人际关系、压力管理、问题解决、共情、适应性五个维度共36道题。各个维度的定义如下表所示：

因　子	因子定义
F1 情绪觉察	能从生理状态、情绪体验和思维中辨别不同情绪（积极情绪和消极情绪），并产生相应的行为
F2 情绪理解	理解情绪所传达的意义，并能够分析情绪产生的原因
F3 情绪表达	能借助言语和非言语信息准确表达情绪
F4 情绪评价	能准确评估自己和他人的情绪状态及情绪表达
F5 人际关系	在家庭成员、学生和社会公民的角色中，能与他人建立和维持一种相互满意的关系
F6 压力管理	面对不利事件、压力大的情境时能积极正面地应对，不产生"崩溃"的强烈情绪
F7 问题解决	识别自己或他人遇到的问题情景，能够独立解决问题或者寻求帮助
F8 共情	具备觉察、理解和评价他人情感的能力，能够站在对方的角度思考问题并积极关心他人
F9 适应性	能正确评价主观想法和客观实际的一致性，根据当前条件主动调节自己的情绪、想法和行为

（四）研究过程

1. 基本步骤

本研究过程包括以下几个步骤：第一，通过相关文献的查阅梳理，确定好研究目标和研究内容，进行干预课程设计；第二，对初中生的情绪智力进行前测，并以H学校为例分析初中生情绪智力水平的现状；第三，实验组在拓展课中开展绘画表达心理课，每周一次，开展8周，教师在上课的过程中根据学生的表现适时调整；第四，经过干预后，对实验组和对照组学生的情绪智力水平进行后测，并比较、分析后测数据。

查阅相关文献 → 整理文献 确定课程设计 → 实施前测 → 对实验组进行绘画表 达心理课程干预 （每周一次，共8周）

讨论与总结 ← 数据处理分析 ← 实施后测 ←

2. 绘画表达心理课的干预方案

（1）主题确定。

课程系列主题依照《情绪拼图》（沙洛维和迈耶情绪智力能力模型和区域情绪智力读本）的内容设置，并根据情绪的识别和理解、运用和管理层层递进。第一课"玩转情绪涂鸦"，通过涂鸦画的形式让学生初识情绪；第二课至第四课，通过具体情绪的展开，让学生学会如何应对生活中常见的消极情绪；第五课至第六课，从自我悦纳、压力和挫折管理、人际交往的角度，让学生体验具体情境下的情绪，强调对消极情绪的接纳以及对积极情绪的转化。

（2）课程内容。

根据心理健康教育课教学过程中"引导、分享、反馈"三部曲[1]，结合绘画艺术表达的特点，笔者把课堂教学环节划分为主题绘画阶段、自由联想阶段和认知提升三个阶段。相对应于以上几个阶段，在课例呈现中，分成"暖身导""静心绘""畅心议"和"慧心思"四个环节。

课程设计见下表：

次数	时间	课程	主要目标	学生作品
1	2021年10月12日	玩转情绪涂鸦	感受自己的情绪，放松心情，抒发和表达自己的情绪	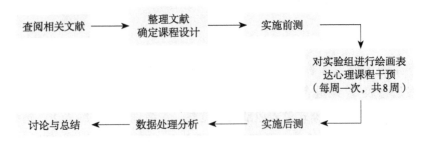

[1] 蒋薇美.怎样上好心理课［M］.上海：上海科技教育出版社，2016.

（续　表）

次数	时间	课程	主要目标	学生作品
2	2021年10月19日	漂流瓶之旅	觉察孤独情绪并接纳孤独；能够以积极的心态面对孤独，掌握合理应对孤独的方法	
3	2021年10月26日	愤怒的化学实验	认识愤怒情绪的积极意义，掌握合理管理愤怒情绪的技巧	
4	2021年11月2日	和学习焦虑面对面	了解学习焦虑的普遍性，知晓产生学习焦虑的原因，学习积极应对学习焦虑的方法	
5	2021年11月9日	假如我是一片叶子	了解自我认识的途径，更加全面地了解自己，认识到自己的独特性	
6	2021年11月16日	跨过这座山	了解挫折不可避免及其对自己的影响，学会积极应对挫折的方式	
7	2021年11月23日	花说朋友	帮助学生了解好人缘的特质，体会如何做一个受欢迎的人，与朋友相处得更为融洽	

（续　表）

次数	时间	课程	主要目标	学生作品
8	2021年11月30日	时光照相机	感受亲情带来的幸福与温暖，学会关心家人，珍惜亲人无私的爱	

在完成全部课程实施后，我们通过问卷的形式让学生对课程进行反馈。在"你喜欢老师借助绘画的方式上心理课吗"这一问题中，有46.4%的学生表示非常喜欢，有29.8%的学生表示比较喜欢。

这项调查结果表明，大部分同学对绘画表达心理课比较认可。绘画表达心理课重表达和辅导，不对绘画技巧作评价，并在上课过程中给学生提供思考的空间和停下来"议一议"的时间，给学生带来更多放松、温暖与真诚的体验。对于非常不喜欢这一方式的学生，教师也给予了积极的回应。

（五）研究结果

1. 实验组与对照组前测数据差异比较

采用独立样本 t 检验对实验组和对照组的前测数据进行差异比较，结果如下表所示：

	实验组（$N=60$）$M \pm SD$	对照组（$N=60$）$M \pm SD$	t
情绪觉察	26.18 ± 3.43	25.22 ± 3.27	−1.58
情绪理解	11.92 ± 1.93	12.07 ± 1.70	0.45
情绪表达	6.93 ± 1.53	6.72 ± 1.51	−0.78
情绪评价	6.63 ± 1.35	6.27 ± 1.25	−1.54
人际关系	23.33 ± 2.82	22.93 ± 3.27	−0.72
压力管理	21.57 ± 2.17	21.22 ± 2.53	−0.81

（续　表）

	实验组（N=60）M ± SD	对照组（N=60）M ± SD	t
问题解决	13.9 ± 2.15	13.9 ± 1.93	0.00
共情	17.75 ± 2.48	17.17 ± 2.38	−1.31
适应性	10.07 ± 1.44	9.63 ± 1.29	−1.74
总分	138.28 ± 14.76	135.12 ± 13.89	−1.21

由上表可知：在情绪智力的九个维度及总分上，两组前测数据均无显著差异，说明两组初中生在没有接受干预前，在情绪智力上同质，可以作为两个平行组进行下一步干预研究。

2. 实验组前后测数据差异比较

采用配对样本 t 检验对实验组前测和后测进行比较分析，结果如下表所示：

	前测 M ± SD	后测 M ± SD	t
情绪觉察	26.18 ± 3.43	28.60 ± 1.92	−5.65***
情绪理解	11.92 ± 1.93	13.22 ± 0.89	−4.32***
情绪表达	6.93 ± 1.53	7.98 ± 0.89	−4.43***
情绪评价	6.63 ± 1.35	6.92 ± 0.93	−1.22
人际关系	23.33 ± 2.82	23.87 ± 2.34	−1.17
压力管理	21.57 ± 2.17	24.87 ± 1.54	−9.69***
问题解决	13.90 ± 2.15	14.03 ± 1.24	−0.46
共情	17.75 ± 2.48	19.57 ± 1.10	−4.68***
适应性	10.07 ± 1.44	10.05 ± 1.35	0.06
总分	138.28 ± 14.76	148.58 ± 4.87	−5.07***

由上表可知：在情绪智力的九个维度及总分上，实验组的前测、后测在

情绪觉察、情绪理解、情绪表达、压力管理、共情五个维度以及总分上均存在显著差异（$p < 0.01$）。该结果说明干预在一定程度上提高了实验组初中生的情绪智力，证明干预有效。

3. 对照组前后测差异比较

采用配对样本 t 检验对对照组前测和后测数据进行比较分析，结果如下表所示：

	前测 $M \pm SD$	后测 $M \pm SD$	t
情绪觉察	25.22 ± 3.27	25.85 ± 3.91	−1.25
情绪理解	12.07 ± 1.70	12.10 ± 0.88	−0.15
情绪表达	6.72 ± 1.51	6.80 ± 1.15	−0.37
情绪评价	6.27 ± 1.25	6.83 ± 1.49	−2.05
人际关系	22.93 ± 3.27	23.18 ± 2.18	−0.49
压力管理	21.22 ± 2.53	21.25 ± 1.50	−0.08
问题解决	13.90 ± 1.93	13.93 ± 1.15	−1.11
共情	17.17 ± 2.38	17.22 ± 1.92	−0.13
适应性	9.63 ± 1.29	9.87 ± 1.05	−1.07
总分	135.12 ± 13.89	137.03 ± 5.08	−1.20

由上表可知：在情绪智力的九个维度及总分上，实验组的前测、后测均不存在显著差异，这说明没有接受干预的对照组初中生情绪智力并没有提高。通过设置对照组，可以控制成长因素所带来的干扰。实验组前后测数据差异比较的结果可以说明，实验组初中生情绪智力的提高是由于干预实施的作用，可以排除成长因素。

4. 实验组与对照组后测数据差异比较

采用独立样本 t 检验对实验组和对照组的后测数据进行差异比较，结果如下表所示：

	实验组（N=60） M ± SD	对照组（N=60） M ± SD	t
情绪觉察	28.60 ± 1.92	25.85 ± 3.91	−4.90***
情绪理解	13.22 ± 0.89	12.10 ± 0.88	−6.94***
情绪表达	7.98 ± 0.89	6.80 ± 1.15	−6.31***
情绪评价	6.92 ± 0.93	6.83 ± 1.49	−0.37
人际关系	23.87 ± 2.34	23.18 ± 2.18	−1.65
压力管理	24.87 ± 1.54	21.25 ± 1.50	−13.04***
问题解决	14.03 ± 1.24	13.93 ± 1.15	−0.46
共情	19.57 ± 1.10	17.22 ± 1.92	−8.23***
适应性	10.05 ± 1.35	9.87 ± 1.05	−0.83
总分	148.58 ± 4.87	137.03 ± 5.08	−12.72***

由上表可知：在情绪智力的九个维度及总分上，两组后测数据在情绪觉察、情绪理解、情绪表达、压力管理、共情五个维度以及总分上均存在显著差异（$p < 0.01$），实验组初中生的情绪智力分数显著高于对照组。通过实验组与对照组前测数据差异比较结果可知，两组学生在干预前同质，说明两组学生在情绪智力上的差异是由干预的实施造成的。

（六）讨论

根据实验组和对照组的前测结果分析，情绪智力各项维度差异不显著，保证了实验组和对照组的同质性。H学校预初年级学生大部分处于情绪智力发展的平均水平。

实验组在进行了课程干预后，在情绪觉察、情绪理解、情绪运用等维度与对照组具有显著差异，这可能与课程本身相对注重表达有关。在课堂上，学生通过画笔将自己的情绪通过色彩、形状、符号等样态表现出来，让情绪被看见。课程设计在实际问题的解决上还需进一步完善。

对照组情绪智力水平后测的分数高于前测，可能由于预初年级均开设心理健康教育课，对照组虽未授有关提升情绪智力的系列课程，但心理课的内容或多或少涉及相关内容。当然，随着其在校时间的增长，适应力水平也在相对提升。

总体上，本次研究取得了一定的效果。干预有效性的原因分析如下：

（1）基于情绪智力理论研究的科学性。

从2016开始，笔者参与情绪智力课程建设方面的研究，针对各学段的情绪智力特点，探讨情绪智力与学业、人格、社会交往以及心理健康等领域之间的相互关系，为本次研究打下夯实的基础。

（2）基于绘画表达心理课的有效性。

作为自我抒发和对外表达的媒介，绘画在心理辅导活动课中的应用，增加了学生自我表达和人际互动的灵活性和主动性。在情绪辅导的过程中，无论是把聚焦于负面情绪的能量重新分配到当下的创作中获得乐趣，还是在表达与分享的过程中认识和分析自身情绪，或是感受到被倾听与理解，对学生而言都是一种心灵治愈。[1]

（3）基于课程设计的针对性。

基于情绪智力模型，开设8课时的系列课程，点面结合。针对每一个主题，笔者设计了相应的绘画活动。例如，在述说"孤独"的话题时，通过给漂流瓶绘制色彩，层层递进。漂流瓶从无色到多色的蜕变时刻，也是孩子们对孤独认知的改变（如右图）。

五、研究结论与思考

1. 绘画表达心理课能够有效促进初中生情绪智力的发展

初中生情绪智力水平在本研究设计并实施的绘画表达心理课的作用下得到了显著提高。实验组和对照组在情绪觉察、情绪理解、情绪表达、压力管理、共情这五个维度上存在显著差异。原因可能在于绘画表达心理课更注重学生的感受，学生对当下情绪的体验跃然纸上。游走于纸笔间的碰撞本身就是一种放松、一种情绪的宣泄，在一定程度上缓解了学生在学习生活中的压力。同时，在每节课的分享环节，学生们以自己的绘画作品为载体进行分享，引发了

---

[1] Davis, C. B. The use of art therapy and group process with grieving children[J]. Issues in Comprehensive Pediatric Nursing, 1989, 12(4): 269–280.

更多的情感共鸣和共情体验。

2. 绘画表达心理课对初中生情绪智力的干预影响有待进一步探究

本研究中，实验组在经过一段时间的课程干预后，情绪智力水平虽得以提高，但在人际关系、情绪评价、问题解决和适应力这些维度上均与对照组无显著差异。究其因有如下几点：一是从学生角度而言，结合问卷因子的定义，这些维度的评量更偏重于实际问题的解决，而学生这些能力的发展需要一个过程，在短时期内不能有效显现；二是从课程设计的角度而言，绘画表达心理课在促进学生自我探索、帮助其多元表达方面具有优势，因此结果显现，学生在情绪的识别、理解、运用方面均得到显著的提升，这也为后续的研究提供了依据；三是从教师教的角度而言，绘画表达心理课重在"表达"，在课堂上如何将学生表达的感受、经验与实际问题的解决相结合，这无疑对教师提出了考验。

3. 情绪智力课程的多形式融入

区域情绪智力课程实施至今，需要不断丰富和拓展运用形式。本研究中的干预课程立足于初中学生情绪读本《情绪拼图》，选择了其中的"愤怒""焦虑""孤独""快乐"等情绪要素，融入绘画表达的教学方式，通过"化学试剂""漂流瓶""四宫格"等绘画媒介，帮助学生体验该情绪的发生发展过程，挖掘各种情绪背后的积极意义。将原有的情绪课程情境化、趣味化、可视化，帮助学生进一步觉察、识别、澄清和理解。课程结束后，从学生的反馈中可以感受到绝大多数学生对这一教学形式比较认可。

4. 学生情绪智力发展的多途径探究

当下，学校心理课的开设要求为各年段保证一个年级有心理课，本研究选择预初年级作为研究对象，与学校心理课的设置有关，但仅依靠心理课来促进学生的情绪智力发展是远远不够的。提升初中生的情绪智力，除了心理课堂实践外，还可以拓展到学校的文化建设、主题活动等方面。例如：通过有针对性的校园文化氛围的创建和多媒体、网络化的宣传，普及学生的基本认知；通过有设计性的主题活动的开展，让学生获得更多的情境体验和解决问题的能力。

5. 绘画表达心理课在实践中的多样化运用

绘画作为情感表达的工具，将潜意识的内容视觉化，将人的经验与感受象征性或具体地展现在画纸上，是孩子们探索心灵花园隐秘角落的钥匙。本研究为课堂中情绪辅导的有效实施提供了实践依据。当然，还可以在课程的设计上增加实际情境的解决环节、生活问题的操作部分，以增强学生解决实际问题的能力。此外，绘画表达心理课在内容和运用形式上还有待延伸和拓展。除了情绪辅导的部分，还可探究生涯规划、人际交往等方面内容，进一步延展心理课堂的丰富性、趣味性和体验性。

后记

　　在不知不觉中，本书已经成形。时光倒回到2020年前，当时的我正致力于心理微课的设计和制作工作，为了增强微课的体验性，就尝试在微课的互动中增加了绘画表达的内容。将绘画表达运用于课堂的研究由此开端。这一方式，既增添了微课课堂的互动性和趣味性，又帮助我和学生打开了表达性艺术辅导的大门。

　　2020年5月，我和我的团队开始在初中心理课堂中有的放矢地运用起绘画表达这一媒介。之所以用"媒介"这个词，因为表达性艺术辅导的诸多形式在心理课堂中的运用都以激发学生自我探索和成长为最终目标。它不仅仅是一种技术，更是一座桥梁，一座连接教师与学生、连接学生与学生、承载自我对话的桥梁。对于绘画表达，不用夸大它的功效，也不能忽视它在自我觉察和系统扰动方面的作用。

　　在这样的一种教学方式中，我们发现了一座座宝藏。学生们是宝藏，无论是否擅长于绘画，他们都用自己的方式涂鸦着、创作着、联想着、表达着，这一张张灵动的画世界，是一个个多彩的心天地。在这方天地间，有的孩子述说着、有的孩子沉默着……无论是哪一种方式，都是他们的一种表达，都将被尊重。

　　近几年，表达性艺术辅导愈加被关注，心理教师们也尝试着将其融入课堂教学中。本书基于初中学生的需求，收录了"自我探索""生命发展""人际交往""情绪管理""学习认知"和"团队辅导"六个方面的48篇原创教案，具有一定的系统性。在教学反思中，教师们讲述着自己的"得"与"失"；在作品与解读中，学生们表达着他们的"思"与"悟"。在收录的教案中，我们可以看到每一堂课各具特点。有些课是同主题异构，例如"渡河"和"跨过这座山"，同为讲挫折，但教师运用了不同的绘画载体，上出了不同的味道；有些课时是同形式异探索，例如"一叶知己"和"假如我是一片叶子"，教师都用了树叶的隐喻方式，各有侧重地帮助学生进行积极的自我探索；还有些课是同载体异内里，如在"青春煎饼侠"和"与情绪对话"的课堂中，教师借用了煎饼人的完形绘画，但是内容不尽相同，表现方式也截然不同……我们的探究基于诸多现有的研究经验，诸如"我的心灵花园"一课借鉴了心理稳定化技术，"再绘雨中人"和"家庭金鱼缸"则是在经典主题绘画基础上的拓展。在课堂形式上，绝大多数运用的是主题绘画，也有自由绘画，如"奇妙的线条"。在实际运用中，教师可以根据学生的需求选择课的内容、设置课的频次。

我们的探究也许还是稚嫩的，但学生们的反馈给予了我们最好的鼓励。在学期反馈中，有86.7%的学生表示对绘画表达心理课很感兴趣。

值得一提的是，课程实践学校黄兴学校是杨浦区生命一体化教育情绪基地初中领衔校，因此在课程内容的架构中我们特别聚焦了情绪辅导的内容，团体辅导篇更是集结了情绪辅导相关主题，以期为区域情绪智力培养特色课程的深化研究提供实践样例。

阶段性成果虽已面世，但我们的探究之路依然是进行时。

在此特别感谢上海市杨浦区教育学院的领导和老师们为本书的顺利问世提供的支持；感谢黄兴学校的李津校长、马燕红书记对课程实践一如既往的支持；感谢沈之菲老师在专业上不遗余力的指导；感谢赵思迪老师承担了本书中大量的案例实践任务，我们亦师亦友，在无数次的研讨实践中思维碰撞、推陈出新；感谢提供教学案例的诸多伙伴们倾情加入探究队伍（书中未标注案例提供者姓名的均为我个人的课例）；最后，还要感谢我的学生们，正是你们的积极投入才让每一堂课更有意义。

希望《绘"润"心理课》能给同仁们带来一些借鉴和启思，便于大家通过绘画表达这一媒介润泽心灵、丰润课堂。本书在撰写的过程中参考了国内外同行的相关成果和理论观点，但限于研究视角和水平，在一些方面还存在不足，请各位同仁和读者不吝指教，我们将在后续研究中加以改进和完善。

2022 年 10 月